André Mairock
Der Bergwald ruft

André Mairock

Der Bergwald ruft

Roman

rosenheimer

neu überarbeitete Auflage
© 1999 Rosenheimer Verlagshaus GmbH & Co. KG,
Rosenheim
Titelbild: Michael Wolf, München
Satz: Buch-Werkstatt GmbH, Bad Aibling
Druck und Bindung: Ebner Ulm
Printed in Germany

ISBN 3-475-52944-0

Oktobermorgen. Der Bergwald war von dünnen Nachtnebeln verhüllt, aber schon deutete sich dahinter das erste Licht der aufsteigenden Herbstsonne an.

Noch rührte sich nichts um den einsamen Berghof, man konnte sich jetzt Zeit lassen mit dem Beginn der Arbeit. Dunkel und vom Nebel umflort schauten die gedrungenen Fenster unter dem vorspringenden Dach hervor. Türen und Tore waren fest verschlossen. Die Ernte des Jahres war eingebracht, man durfte jetzt länger schlafen.

Das Mauerwerk aus schweren, teils unbehauenen Steinen, durchzogen von verwitterten braunen Balken, verlieh dem Gehöft den Anschein, für Jahrhunderte gebaut zu sein. Von einem alten Nussbaum, der dicht daneben stand, tropfte die Nebelfeuchte und riss ab und zu ein welkes Blatt mit herab auf die Erde.

In diese geradezu beklemmende Stille eines anbrechenden neuen Tages fiel plötzlich vom Bergwald her das drohende Röhren eines Hirsches.

Es war die Zeit der Hirschbrunft. Man konnte das Röhren jetzt jeden Abend und jeden Morgen, ja sogar mitten in der Nacht auf dem Halderhof hören.

»Horch! Der Bergwald ruft wieder!«, sagten die Leute und ließen sich nicht weiter davon stören. Für sie waren das gewohnte Laute; sie waren vertraut mit der Natur, sie kannten ihre Gesetze, ihre Launen und ihre Kräfte. Ihre Stimmen gehörten zu ihrem Alltag, ob es das Rauschen von Wasser oder Stürmen, der gefährliche Donner abgehender Lawinen oder das Röhren des Hirsches war.

Langsam wuchs der Tag. Der Nebel geriet in Bewegung und zog vor der Sonne her, als befände er sich vor ihr auf der Flucht. Deutlicher zeichneten sich die Umrisse des Halderhofs in der Morgendämmerung ab. In einem der Fenster ging Licht an und blinzelte verschlafen unter dem Dach hervor; der Bauer war aufgestanden und ging von Tür zu Tür um seine Leute zu wecken.

Bald wurde es lebendig im Haus, über das Dach herab drückte sich der Rauch, der aus dem Kamin stieg, die Tore wurden geöffnet, aus dem Stall kamen die Geräusche der Arbeit, die getan werden musste, ehe sich alle um den großen Tisch in der Ecke des breiten Ganges zum Frühstück zusammenfanden. Das waren der alte Bauer, ein ergrauter, hagerer Mann, dem man ansah, dass er in seinem Leben viel und schwer gearbeitet hatte, dann sein Ende der Zwanziger stehender Sohn, ein gesunder, kräftiger Bursche mit markant geprägten Gesichtszügen, und die Bäuerin, eine noch rüstige Frau. Schließlich zählten zur Hausgemeinschaft noch eine Magd und ein alter Knecht.

Schweigsam wie immer aßen sie die erste Mahlzeit des Tages. Ab und zu gab der Bauer eine Arbeitsanweisung für den Tag, wobei er sich meist an seinen Sohn wandte.

»Wenn ich mich nicht täusche, dann sind heut Nacht im Bergwald ein paar Schüsse gefallen«, sagte der Alte plötzlich und zog damit die Blicke aller auf sich.

»Schüsse? Heut Nacht?«, wunderte sich die Bäuerin. »Ich glaub, das hast du geträumt.«

»Das denk ich auch«, sprang Thomas, der Sohn, ihr bei. »Die Hirsche haben gerade Brunftzeit, du hast wohl das Röhren gehört!«

»Ich werde doch noch einen Schuss vom Röhren unterscheiden können!«, murrte der Bauer.

»Ich hab nichts gehört«, sagte der Sohn. »Und wenn es so sein sollte, vielleicht hat der Förster oder sein Jagdgehilfe geschossen.«

»Mitten in der Nacht?«, zweifelte der Alte.

»Wer denn sonst?«

Der Alte zuckte die Schultern. »Es wäre nicht das erste Mal, dass sich ein Raubschütz herumtreibt, gerade jetzt, wo die Hirsche in Unruhe sind.«

»Du meinst, dass gewildert wird?«

»Ich weiß es nicht, aber ausgeschlossen ist es nicht.«

»Man hat noch nie etwas davon gehört«, widersprach ihm sein Sohn.

»Wilderer hat es immer schon gegeben, die sterben nicht aus«, beschloss der Alte den Diskurs, legte das Messer weg und erhob sich.

Nach und nach folgten die anderen seinem Beispiel. Alle gingen jetzt an ihre Arbeit.

Die Bäuerin holte bald darauf ihren jüngeren Sohn, den Poldi, aus dem Bett. Er war als Nachzügler geboren, war erst zwölf Jahre alt und ging noch zur Schule. Trotzdem erwog der Bauer, schon jetzt seinen Hof an seinen älteren Sohn zu übergeben, falls er ihm eine geeignete Braut vorstellte. Aber der Thomas ließ sich damit Zeit, obwohl man von ihm keineswegs sagen konnte, dass er dem weiblichen Geschlecht abgeneigt war, im Gegenteil, es gab viele Mädchen in der näheren Umgebung, mit denen er schon kleine Liebschaften unterhalten hatte. Nur schien er sich den Ausspruch allzu streng zu Eigen gemacht zu haben: Drum prüfe, wer sich ewig bindet.

Von einer Braut war also noch keine Rede und die Vorschläge, die der Vater ihm machte, gingen an seinen Ohren vorbei. Nun, einmal würde er ganz von selbst an die Richtige geraten und das ging oft schneller, als man dachte. Damit tröstete sich der Alte und nahm die Mühe und Verantwortung eines Berghofbauern noch weiterhin auf sich.

Er sollte Recht behalten.

An einem Abend, als Thomas mit seinem strapazierten Volkswagen unterwegs war, geschah es, dass er aus Unvorsichtigkeit auf einen Wagen auffuhr, der plötzlich stark abgebremst hatte, weil er nach rechts in eine Seitenstraße einbiegen wollte.

Natürlich war Thomas sich seiner Schuld sofort bewusst; er hatte nicht rechtzeitig auf das Blinkzeichen des Abbiegers geachtet und einfach zu spät gebremst. So konnte er den heftigen Aufprall nicht mehr verhindern. Er wurde gegen das Steuerrad geworfen und fühlte einen stechenden Schmerz in den Rippen, trotzdem sprang er sofort heraus und eilte auf den fremden Wagen zu. Er wunderte sich, dass der Fahrer nicht auch schon herauskam um ihn mit Vorwürfen zu überhäufen.

Aber dann bemerkte er, dass jemand versuchte, die Tür zu öffnen, die jedoch klemmte. Thomas griff zu und zerrte mit aller Gewalt am Griff, bis die Tür endlich aufsprang.

Zu seinem Erstaunen kamen zuerst ein paar schlanke Mädchenbeine zum Vorschein und dann sah er sich einer jungen Frau gegenüber. Sie drückte ein weißes Tuch gegen die linke Schläfe. Sie hatte eine Verletzung, die stark blutete.

»Sind Sie verletzt?«, fragte er besorgt. »Es tut mir furchtbar Leid! Wahrscheinlich habe ich nur einen Augenblick beiseite geschaut und da war es geschehen!«, fügte er zerknirscht hinzu.

»Ich habe früh genug geblinkt!«

»Das bestreite ich ja auch nicht! Die Schuld liegt einwandfrei bei mir. Selbstverständlich komme ich für den Schaden auf, das heißt, ich werde meine Versicherung unterrichten.«

Er zog seine Papiere aus der Tasche und zeigte ihr den Versicherungsschein. »Oder wollen Sie die Polizei rufen?«

Sie schaute ihn unschlüssig an, wandte sich dann ihrem Opel zu, der einen bösen Blechschaden abbekommen hatte. Von den Rücklichtern brannte nur noch das rechte. Das linke war zersprungen.

Auch der Volkswagen hatte einige Beulen, aber die Lampen brannten noch.

»Hier können wir nicht stehen bleiben«, sagte die Frau und hielt immer noch ihr Tuch gegen die blutende Wunde. »Glauben Sie, dass man noch damit fahren kann? Oder muss er abgeschleppt werden?«

»Das müssen wir erst sehen. Haben Sie noch eine weite Fahrt?«

Sie schüttelte den Kopf. »Bloß hinüber nach Schlehen.«

»Nun, das wäre ja schnell geschafft. Sind Sie aus Schlehen?«

Sie nickte.

»Ich bin von Daxen, mein Name ist Thomas Halder.«

»Und ich bin die Tochter vom Sonnenberger.«

»Vom Sonnenberger? Vom Alpmeister?«, rief er erstaunt. »Dann bist du gewiss die Sali?«

Er merkte gar nicht, dass er sie plötzlich duzte, aber

sie schien es ihm nicht übel zu nehmen. Lächelnd nickte sie.

»Vielleicht treffen wir uns ja mal! Sali, jetzt wird mir auf einmal leichter ums Herz! Du wirst von meinem Leichtsinn kein Aufhebens machen, oder? Weißt du was? Ich bringe dich heim. Die Hauptsache ist, dass deine Wunde behandelt wird. Vielleicht brauchen wir sogar einen Arzt!«

»So schlimm wird es nicht sein«, meinte sie.

»Komm, steigen wir ein!«, rief er. »Deinen Wagen lassen wir derweil hier stehen, ich sorge dafür, dass er heute noch in die Werkstatt kommt.«

Sie stieg zu ihm in den zerbeulten Volkswagen und in gemächlichem Tempo fuhren sie nach Schlehen.

Das war im Sommer gewesen und seitdem hatte Thomas den Hof es Alpmeisters Sonnenberger mehrmals aufgesucht. Es geschah zunächst unter dem Vorwand, dass er sich verpflichtet fühle, sich um das verletzte Mädchen zu kümmern. Er war ja schuld gewesen an diesem Unfall. Aber in der Hauptsache ging es ihm doch nur um die nähere Bekanntschaft mit der begehrenswerten Alpmeistertochter. Seine Liebe zu diesem Mädchen schlug immer tiefere Wurzeln, und obgleich er fühlte, dass er bei ihr auf Gegenliebe stieß, wagte er nicht, eine Entscheidung herbeizuführen. Gewiss, er war als Erbe des Halderhofes keine schlechte Partie für die Sali und auch sein Vater könnte nichts gegen seine Wahl einzuwenden haben, aber er musste erst noch etwas in Ordnung bringen, was ihm schweres Kopfzerbrechen bereitete. Dazu hatte er noch nicht den Mut gefunden.

So blieb es bis in den Herbst hinein bei dieser stillen und unverbindlichen Art der Beziehung.

Der Bauer vom Halderhof stand am Fenster und schaute hinaus in den trüben Oktobermorgen. Ein paar Mal glaubte man, dass die Sonne endlich durchkäme, aber es dauerte jeweils nur einen Moment, dann versteckte sie sich wieder hinter dichten Nebelschleiern, die langsam über den Wäldern gegen den Berg zogen. Schemenhaft bewegte sich auf dem Acker der Motorpflug hin und her und brach die Erde um.

Wie schnell und mühelos war heutzutage mit den modernen Maschinen ein ganzes Feld umgeackert! Der Bauer erinnerte sich noch daran, wie man sich früher mit dem einfachen Pflugsterz und den vorgespannten Pferden plagen musste.

Vor dem Fenster ging jetzt der kleine Poldi mit geschultertem Schulranzen vorbei. »Behüt dich Gott, Vater!«, rief er ihm zu und der Alte hob winkend die Hand.

Nun machte er sich langsam fertig, schlüpfte in seine schweren Schuhe und holte die Arbeitsjacke vom Nagel.

Die Bäuerin kam herein, um wie jeden Morgen die Stube in Ordnung zu bringen.

Er blieb noch unschlüssig stehen und drehte sich nach ihr um.

»Was meinst du, ob sich wohl etwas angebahnt hat mit der Sonnenbergertochter?«, fragte er.

»Hm, vielleicht«, antwortete sie.

»Hat er noch nie eine Andeutung gemacht?«

»Er spricht schon manchmal von ihr, aber nicht so, dass es nach ernsten Absichten aussieht.«

»Vielleicht kommt es noch, umsonst geht er doch nicht so oft hinüber nach Schlehen. Es wäre mir recht, wenn er endlich einmal Ernst machte! Es taugt nichts, wenn man erst so spät heiratet! Das denke ich jedes

Mal, wenn ich den Poldi zur Schule gehen seh. Ich könnte sein Großvater sein!«

Damit ging der Bauer aus der Stube und trat hinaus vor das Haus. Auf dem Feldweg sah er den Hausierer Aniser, die Kraxe auf dem Rücken, den Stock in der Hand, auf den er sich bei jedem Schritt stützte, den schlappen Hut tief in die Stirn gezogen. Er war eine bekannte, wenn auch nicht gerade beliebte Erscheinung und er wirkte, als wäre er aus einer anderen, weit zurückliegenden Zeit. Vor mehr als zehn Jahren war er in den Ort gezogen und bewohnte ein baufälliges Häuschen, das früher dem gemeindlichen Hirten als Unterkunft gedient hatte, später aber, als es diesen Hirten nicht mehr gab, lange Zeit leer stand, bis sich eben der fremde Hausierer im Ort einbürgerte. Zu einem spottbilligen Preis erstand er das verlassene kleine Haus an der Sandgrube, richtete es ein wenig her und schaffte sich so eine bescheidene Wohnlichkeit. Und die Gemeinde konnte sich den Abbruch sparen.

Dass der Aniser keinen besseren Anschluss an die Dorfgemeinschaft fand, lag eigentlich nicht an ihm selbst, denn er legte niemandem etwas in den Weg und fiel niemandem zur Last und oft sah man ihn die ganze Woche nicht, wenn er mit seinem Kleinbazar unterwegs war, sondern das lag mehr an seinem Sohn Fred, der von Zeit zu Zeit bei ihm hauste, wenn er kein besseres Asyl zu finden wusste. Im Übrigen wusste niemand, wo der Fred sich gerade herumtrieb und wovon er lebte: Aber niemand glaubte, dass er sich durch eine rechtschaffene Arbeit seinen Lebensunterhalt verdiente.

Als der Aniser jetzt am Halderhof vorbeiging und den Bauern vor dem Haus sah, hob er grüßend den Stock, verließ plötzlich den Weg und kam auf den Bauern zu.

Der blieb stehen und versuchte ihm durch eine abwinkende Handbewegung klarzumachen, dass von seinen Waren nichts gebraucht würde, er brauche sich also nicht herzubemühen.

Aber der Aniser ließ sich nicht abhalten. Er war es gewöhnt, auf diese Weise abgefertigt zu werden und durch die Hintertür hereinzukommen, wenn die Haustür vor ihm verschlossen wurde. Anders ließ sich mit den Bauern kein Geschäft machen.

Er war ein schon recht altes Männlein, der Aniser, und man wunderte sich, woher er die Kraft nahm, die schwere Kraxe über Berg und Tal zu schleppen, oft meilenweit vergeblich oder für ein belegtes Brot, das eine mildtätige Bäuerin ihm reichte.

Sein hageres Gesicht, von einer runzeligen Haut überzogen, war ein beredtes Zeugnis dafür, dass bei ihm Schmalhans Küchenmeister war. Die kleinen grauen Augen lagen tief in den Höhlen, seine Gestalt war schlotterig und verbraucht. Schon bevor er nach Daxen kam, war seine Frau gestorben und von seinem Sohn hatte er keine Unterstützung zu erwarten, im Gegenteil, der Fred aß ihm noch weg, was er besaß.

Kein Wunder also, dass der Aniser immer mehr zusammenschrumpfte.

»Wir brauchen nichts!«, rief der Bauer, als der Hausierer näher gekommen war. »Wenn du Hunger hast, geh zur Bäuerin und lass dir eine Brotzeit geben!«

»Dank schön dafür, Halderbauer!«, erwiderte der Aniser mit dem Anflug eines verschämten Lächelns im runzeligen Gesicht. »Ich bin noch nicht lange unterwegs und geh nur hinüber nach Schlehen.«

»Es tut mir Leid, Aniser, aber du warst erst in der vergangenen Woche da. Wir brauchen wirklich nichts. Die Bäuerin wird dir dasselbe sagen.«

»Ich weiß, Bauer, und deswegen bin ich auch nicht gekommen. Ich wollte dir nur etwas mitteilen, denn ich glaube nicht, dass du davon schon gehört hast.«

»Was ist denn passiert? Du siehst ja ganz aufgeregt aus!«

Der Aniser stützte sich auf seinen Stock und beugte sich etwas vor, damit das Gewicht seiner Kraxe besser verteilt war. »Heute Nacht hat man den Förster Schramm von Daxen niedergeschossen«, berichtete er unvermittelt.

Der Bauer sperrte Mund und Augen auf. »Was? Was sagst du da?«, stieß er hervor.

»Es ist eine ganz große Aufregung im Dorf«, fuhr der Aniser schnaufend fort. »Kein Mensch wäre auf den Gedanken gekommen, dass im Staatswald von Daxen gewildert wird. Die Polizei ist bereits eingetroffen und hat die Fahndung nach dem Wildschützen aufgenommen.«

»Ist der Förster tot?«, fragte der Bauer zögernd, denn der Gedanke daran war zu schrecklich.

»Soviel man hört, soll er noch am Leben sein. In bedenklichem Zustand wurde er noch in der Nacht ins Krankenhaus eingeliefert.«

»Das ist ja schrecklich! Komm herein, Aniser, und leg ab! Erzähl, was du weißt!«

Der Hausierer folgte dem Bauern ins Haus und betrat mit ihm die Stube.

»Bring ihm etwas zu essen!«, sagte der Bauer seiner Frau. »Er sagt, dass heute Nacht der Förster Schramm von einem Wilderer niedergeschossen wurde!«

Auch die Bäuerin war entsetzt. Erst vor wenigen Tagen war der Förster noch bei ihnen im Haus gewesen. Er sprach immer im Halderhof vor, wenn er gerade vorbeikam.

Der Hausierer hatte die Riemen seiner Kraxe gelöst und entledigte sich der Last, indem er sie auf die Sitzbank stellte. Die Bäuerin brachte eine große Tasse mit heißem Milchkaffee und legte ein paar Käse- und Wurstbrote dazu.

Der Aniser bedankte sich, setzte sich zu dem Bauern an den Tisch und nahm einen Schluck Kaffee.

Dann fing er an zu erzählen.

Offenbar hatte der Förster schon länger den Verdacht gehabt, dass in seinem Revier gewildert würde, denn oft streifte er sogar in der Nacht oben im Wald herum. Daheim meinten sie, dass er die Hirschbrunft beobachtete. Die Burgl, seine Wirtschafterin, traute diesem Frieden nicht recht und hatte keine Ruhe, bis er endlich wieder daheim eintraf. Aber in dieser Nacht wartete sie vergeblich auf ihn. Sie bekam Angst, denn so lange war er noch nie ausgeblieben. Schließlich weckte sie den Forstgehilfen, der den Hund an die Leine nahm und auf die Suche ging. Der Hund hatte bald die Spur aufgenommen und folgte ihr, bis sie dann schließlich den Förster fanden. Er hatte stark geblutet und war bewusstlos, aber er lebte noch. Der Forstgehilfe suchte die Wunde und stellte überrascht fest, dass bereits ein Notverband angelegt war, so dass die Blutung zum Stillstand gekommen war. Da er allein den Förster nicht wegschleppen konnte, lief er zurück ins Forsthaus und alarmierte telefonisch die Polizei und den Rettungsdienst. Der Verletzte wurde auf schnellstem Weg ins Krankenhaus gebracht.

»Du lieber Himmel!«, jammerte die Bäuerin. »Kann es denn so schlechte Menschen geben, die einfach einen Menschen niederschießen?«

»Das ist nicht das erste Mal!«, sagte der Bauer. »Wahrscheinlich hat der Förster den Wilderer in die

Enge getrieben, und bevor sich so ein Kerl festnehmen lässt, schießt er! Er will ja verhindern, dass es Zeugen gibt!«

»Und da nimmt er lieber einen Mord auf sich?«

»Kurzschluss! Oft weiß man in solchen Augenblicken nicht, was man tut.« Der Bauer wandte sich wieder an den Hausierer. »Und was hört man sonst? Wird jemand verdächtigt?«

Der Aniser runzelte die Stirn und zögerte. »Ja. In aller Herrgottsfrühe kamen schon zwei Polizisten zu mir und fragten nach meinem Sohn. Wie könnte es auch anders sein! Es gibt hier im Dorf ja nur einen, dem man eine solche Tat zutrauen kann, und das ist mein Fred.«

Der Bauer horchte auf. »Warum? Ist dein Sohn gerade wieder im Ort?«

»Ja, seit einigen Tagen ist er wieder da. Aber ich sage dir, Halder, der Fred war es nicht; das kann ich beschwören. Er hat in dieser Nacht das Haus nicht verlassen. Aber was glaubt man schon einem Hausierer! Ich weiß, der Fred hat nicht gerade den besten Ruf, schon deshalb, weil er so oft seinen Arbeitsplatz wechselt und immer wieder eine Weile herumfaulenzt. Aber das kann ich beschwören, dass er noch nie gewildert hat und dass es ganz ausgeschlossen ist, dass er auf einen Menschen schießt. Er mag sonst ein Gauner sein und kleine Betrügereien gemacht haben, aber einen Mord kann er nicht begehen! Dafür lege ich meine Hand ins Feuer!«

»Und was geschah weiter?«, drängte der Bauer.

»Die Polizisten haben ihn mitgenommen. Sie behaupten zwar, dass es keine Verhaftung sei, sondern er müsse nur zur Vernehmung mitkommen. Aber das kennt man schon! Nicht umsonst haben sie das ganze Haus nach einem Gewehr durchsucht, aber natürlich nichts gefunden, weil in meinem Haus noch nie ein Gewehr versteckt lag.«

»Wir wollen hoffen, Aniser, dass der Täter bald gefunden wird. Ich wünsche dir wirklich nicht, dass du mit deinem Sohn auch noch eine solche Enttäuschung erleben müsstest!«

»Ich sage dir ja, er war es nicht!«, ging der Hausierer auf.

»Ich glaub es dir!«, beschwichtigte der Bauer.

Der Hausierer erhob sich, nahm seine Kraxe auf den Rücken und verabschiedete sich. »Dank schön, Bäuerin, fürs Essen!«

Dann ging er davon.

Die Entrüstung über den Schuss auf den Förster war groß. Der leutselige, biedere Förster Schramm war bei der Bevölkerung von Daxen sehr beliebt. Er war ein humorvoller Zeitgenosse, spielte mit den Bauern am Biertisch den abendlichen Schafkopf, er sang und musizierte gern, wenn es dazu Gelegenheit gab, und zeigte sich immer einsichtig und tolerant, wenn er einmal einen Christbaum- oder Holzdieb in seinem Revier ertappte. Bevor er eine Anzeige erstattete, ließ er zunächst lieber einmal eine Schimpfkanonade auf den Missetäter los. Aber gewöhnlich ließ er es damit bewenden. Deshalb konnte man nicht verstehen, dass er nun plötzlich einfach niedergeschossen worden war.

Das hatte der Förster wahrlich nicht verdient. Förster Schramm war Junggeselle und ließ sich seinen Haushalt von einer altgedienten Wirtschafterin besorgen, die schon mit ihm nach Daxen gezogen war. Er war immerhin schon weit über fünfzig und es war kaum damit zu rechnen, dass er sich noch verheiraten könnte. Den Grund zu diesem Verzicht auf eine Familie kannte man nicht. Entweder hatte er einmal ein bittere Enttäuschung erlebt oder es fehlte ihm ganz einfach schon von Haus aus an der Lust dazu.

Große Aufregung über diesen verbrecherischen Anschlag auf den Förster herrschte auch im Haus des Alpmeisters Sonnenberger von Schlehen, denn dort war der Förster ein und aus gegangen. Seit die Sali wieder daheim war – sie hatte eine dreijährige Wirtschaftsschule besucht –, verbrachte er manchen Abend in diesem Haus. Er konnte vortrefflich Gitarre spielen und hatte oft mit der Sali, die auf der Zither eine große Könnerin war, gemeinsam musiziert. Sie wurden gute Freunde. Natürlich war nicht daran zu denken, dass etwa mehr hinter dieser Freundschaft steckte, denn der Förster hätte der Vater des Mädchens sein können, dennoch glaubte seine Haushälterin Burgl einigen Grund zur Eifersucht zu haben.

»Alter schützt vor Torheit nicht und nichts ist gefährlicher, als wenn ein alter Narr sich noch in ein junges Mädchen verliebt!«, war ihr Reden und sie machte keinen Hehl aus ihrer bösen Laune, wenn er am Abend seine Gitarre einpackte und das Haus verließ.

Aber den Förster kümmerten diese häuslichen Gewitterstimmungen nicht. Die Burgl, eine weitläufige Verwandte von ihm, war schon zu lange um ihn, als dass er sich noch etwas aus ihren Launen machte. Sie war eine gute Haushälterin und sollte ihre Rechte haben. Vielleicht hatte sie Angst, er könnte sich schließlich doch noch zum Heiraten entschließen und sie würde ihre Stellung verlieren.

Wenige Tage nachdem im Haus Sonnenbergers der Anschlag auf den Förster bekannt geworden war, setzte die Sali sich in den Wagen und fuhr in die Stadt um sich persönlich nach dem Ergehen ihres alten Freundes zu erkundigen.

Deshalb war sie gar nicht daheim, als Thomas gegen Abend vorbeikam. Aber er wurde von ihren Eltern und ihrem Bruder freundlich empfangen und in die Stube geführt.

Der Sonnenberger schaute auf die Uhr und meinte, dass sie nicht mehr lange aus sein könnte. Er möge doch ein wenig warten, vielleicht bringe sie Neuigkeiten mit, die von allgemeinem Interesse seien.

Die Arbeit war schon getan und so hatte man Zeit, sich dem Gast zu widmen. Vielleicht kam es doch einmal dazu, dass der junge Halderhofer sich näher erklärte, denn es konnte den Eltern der Sali nur recht sein, wenn er feste Absichten auf ihre Tochter hatte. Eine Einheirat ihrer Tochter in den wohlbestellten Halderhof hätte ihrem Wunsch entsprochen.

Aber es kam auch heute nur zu einer belanglosen Unterhaltung, bis dann die Lichter der Scheinwerfer eines Autos am Fenster vorbeihuschten.

»Jetzt kommt sie!«, sagte der Sohn und ging hinaus um den Wagen in die Garage zu bringen.

Gleich darauf betrat die Sali die Stube. Ihr Gesicht war frisch gerötet und rötete sich noch mehr, als sie den Gast aus Daxen erblickte. Sie begrüßte ihn herzlich und reichte ihm etwas befangen die Hand.

»Nett, dass du da bist, Thomas!«, sagte sie. »Es ist leider etwas später geworden, weil ich lange warten musste, bis ich den Förster besuchen konnte.«

»Gibt es etwas Neues?«, fragte der Vater.

»Eine ganze Menge! Ich war noch im Forsthaus und sagte dort Bescheid.«

Sie zog ihre Jacke aus, setzte sich zu den anderen an den Tisch und fing an zu erzählen:

»Der Arzt meint, dass keine Lebensgefahr mehr bestünde; die Operation ist gut verlaufen und auch die Blutübertragungen sprächen recht gut an.«

»Gott sei Dank!«, riefen die Eltern zugleich aus.

»Freilich, schnell wird es nicht gehen, bis er wieder hergestellt ist, weil er eine schwere Rückenmarksverletzung erlitten hat, die leicht zum sofortigen Tod hätte führen können«, fuhr das Mädchen lebhaft fort. »Man hat mir gesagt, wenn ich etwas warten könnte, dürfte ich ihn für ein paar Minuten besuchen. Selbstverständlich habe ich gewartet, darum ist es so spät geworden.«

»Und weiter? Du hast ihn besucht?«, fragte die Mutter.

»Im Beisein der Krankenschwester, aber nur ganz kurz. Er sieht sehr bleich und mitgenommen aus.«

»Das lässt sich denken!«, sagte der Vater.

»Er hat sich sehr gefreut, als er mich sah. Ich komm schon wieder, Sali, und dann musizieren wir wieder, hat er gesagt und mir zugelächelt. Er liegt ganz allein in einem Zimmer und es ist immer eine Schwester da. Wie tut er mir Leid!«, rief sie plötzlich und bedeckte ihr Gesicht mit den Händen. »Ich musste mich zusammennehmen um nicht zu weinen!«

Sie stand auf und wandte sich ab um ihre Tränen zu verbergen.

Einen Augenblick herrschte betretenes Schweigen.

»Sonst war nichts zu erfahren? Zum Beispiel, wer der Täter sein könnte?«, fragte Sonnenberger nach einer Weile.

Sie wandte sich wieder dem Tisch zu. »Als ich ging, begleitete mich die Schwester noch vor die Tür«, erzählte sie weiter. »Sie berichtete, dass am Nachmittag die Polizei da gewesen sei um ihn zu vernehmen. Deshalb mache er einen so matten und erschöpften Eindruck. Das viele Sprechen habe ihn überanstrengt, der Polizeibeamte habe immer wieder Fragen gestellt. Leider habe der Förster den Täter nicht erkannt, weil dessen Gesicht vermummt war, aber er könne mit Sicherheit sagen, dass es der junge Aniser nicht gewesen sei, denn der sei viel schmächtiger. Sie möchten also nicht einen Unschuldigen verdächtigen. Sogar darum hat er sich gekümmert!«

Das war natürlich eine Überraschung, denn es war allgemein angenommen worden, dass der Aniser Fred der Täter sei, weil er ja verhaftet worden war. Sie schauten sich fassungslos an.

»Hm«, machte Vater Sonnenberger und schüttelte den Kopf. »Dann wird es schwer werden, den Burschen zu finden. Aber eine Katze lässt das Mausen nicht! Das kann man auch von einem Wilderer sagen: Wer einmal von dieser Leidenschaft erfasst ist, kommt davon nicht mehr los! Das ist wie ein Laster, dem man verfallen ist. Einmal wird er schon in die Falle gehen!«

»Das ist zu wünschen«, antworteten die anderen.

»Du musst jetzt etwas essen, Sali!«, mahnte die Mutter.

»Das hat Zeit!«, lehnte die Tochter ab und wandte sich nun dem Gast zu. »Du musst entschuldigen, Thomas, dass ich dir heute so wenig Aufmerksamkeit schenke! Aber der Besuch hat mich doch recht aufgeregt.«

»Das ist verständlich.«

»Man weiß doch, dass der Förster immer human verfahren ist, wenn er jemand im Forst bei etwas Unrechtem ertappt hat«, fuhr die Sali fort. »Er hätte es bestimmt auch diesmal getan! Man weiß ja, in der Brunftzeit, wenn die Hirsche röhren, ist die Versuchung doppelt groß. Es war eine abgrundtiefe Gemeinheit, einfach auf ihn zu schießen!«

»Ja, das ist es!«, bestätigte Thomas und machte ein grimmiges Gesicht.

Man sprach noch eine Weile über das Wildererunwesen, das in früheren Zeiten weit verbreitet und, wie man sah, bis jetzt noch nicht ausgestorben war. Aber allmählich lenkte sich die Unterhaltung von selbst in andere Bahnen.

Als Thomas sich verabschiedete, ging die Sali noch mit ihm vor die Tür hinaus.

Er ergriff bewegt ihre Hände. »Es tut mir so Leid, Sali!«, flüsterte er. »Der Förster ist ja auch oft bei uns eingekehrt, wenn er gerade vorbeikam. Aber ich verstehe, dass es dir noch näher geht.«

»Es war immer so nett, wenn er zu uns kam, dann haben wir musiziert, und er kann so unterhaltsam erzählen.«

»Das kommt bestimmt wieder!«, tröstete er. »Der Förster hat eine gesunde Natur. Er wird bestimmt durchkommen.«

»Das wollen wir hoffen.«

Er zögerte noch etwas. »Was ich dich noch fragen wollte, Sali: Es ist dir doch nicht unangenehm, wenn ich dich so oft besuche?«

»Nein! Gewiss nicht! Du siehst doch, dass du ein willkommener Gast bist!«

»Es würde mich freuen, wenn du auch einmal zu uns auf den Halderhof kämst, damit du meine Eltern kennen lernst!«

Sie lächelte. »Du wirst verstehen, Thomas, dass es für mich schwerer ist als für dich; denn es sieht doch merkwürdig aus, wenn ich einfach zu euch ins Haus komme.«

»Und wenn du deinen Vater mitnimmst? Die Alten kennen sich doch!«

»Wir wollen sehen, Thomas.«

»Bitte! Es liegt mir sehr viel daran.«

»Wirklich?«

»Du musst doch schon längst bemerkt haben, dass ich dich sehr gern habe, und ich wäre glücklich, wenn du das auch von mir sagen könntest. Freilich, du kennst mich noch zu wenig und ich muss dir noch manche Jugendsünde beichten. Ich hatte bloß nie den Mut dazu, auch fehlte es immer an der Gelegenheit.«

Jetzt musste sie lachen. »So groß werden diese Jugendsünden wohl nicht sein!«

»Sag das nicht! Ich bin nicht besser und nicht schlechter als alle anderen! Aber ich bin heute so froh und glücklich, dass ich dich gefunden habe!«

Am Ende des Quertals, in dem das Dorf Daxen lag, befand sich ein smaragdgrüner Bergsee, ein verborgenes Juwel im Winkel steil ansteigender Felsgiganten. Schon vor Jahren hatte ein geschäftstüchtiger Wirt an diesem See ein hübsches Restaurant gebaut. Im Sommer, wenn die Feriengäste im Land waren, herrschte ein sehr reger Betrieb in diesem Lokal, das sich schlicht und einfach »Seecafé« nannte. Daneben gab es einen Bootsverleih, sodass die Gäste rudern konnten, solange sie ihren Spaß daran hatten. Baden konnte man in diesem klaren Bergsee allerdings nicht; denn durch unterirdische Strömungen blieb das Wasser auch im Sommer eiskalt.

In diesem Seecafé war die hübsche, schwarzhaarige Ursel beschäftigt. Sie stammte aus sehr ärmlichen Verhältnissen. Ihre Mutter hatte sich, als die Ursel noch klein war, davongemacht und war seitdem verschollen.

Von ihrem Vater wusste man überhaupt nichts. Nur die Großmutter war der Ursel geblieben, die in Daxen nur unter dem Namen Hütter Barb bekannt war. Schon seit undenklichen Zeiten lebte sie im gemeindlichen Armenhaus und verdiente ihren Lebensunterhalt durch allerlei Gelegenheitsarbeiten, die ihr die Leute zuschanzten. Sie arbeitete auch als Leichenfrau und erschien ganz unaufgefordert in den Trauerhäusern, um die Toten anzukleiden und aufzubahren, und hielt bis zum Tag der Beerdigung die Totenwache.

Unter solchen Verhältnissen war die Ursel herangewachsen und es war für sie beinahe ein Sprung nach oben gewesen, als sie, sehr jung noch, im Seecafé die Stelle als Spülmädchen bekam. Nun hatte sie ständig Menschen vor Augen, deren Äußeres ihr bald nachahmungswürdig erschien. Sie war ein sehr hübsches Mädchen und bedurfte eigentlich nur der nötigen kosmetischen Nachhilfe, um mit allen diesen attraktiven Menschen konkurrieren zu können. Das erkannte bald auch der Besitzer des Seecafés und eines Tages war aus dem Spülmädchen eine flotte Bedienung geworden, was sich nicht unvorteilhaft auf das Geschäft des Cafés auswirkte, denn es gab so manchen männlichen Gast, der in der Hauptsache ihretwegen in diesem Lokal seine Zeche machte.

Und da die Ursel durchaus nicht prüde war und sich gern in Liebeleien einließ, kamen die meisten Verehrer auf ihre Rechnung.

Dass auch der Thomas zu diesen heimlichen Verehrern zählte, war selbstverständlich. Für hübsche Mädchen hatte er immer schon ein Auge gehabt und es hatte den Anschein, als zöge die Ursel ihn allen anderen Verehrern vor. Freilich durfte diese Liebschaft nicht ans Tageslicht kommen, denn der alte Halderbauer hätte sich ja auf den Kopf gestellt, wenn der Sohn ein Mädchen wie die Ursel auf den Hof gebracht hätte.

So nahm Thomas an manchem Abend seinen Weg zum Seecafé. Er wusste genau, wann sie aus dem stillen Bergwinkel hervorkam, um ins Dorf heimzukehren. Das war immer am Vorabend ihres freien Tages, den sie stets bei ihrer Großmutter verbrachte. Er passte sie ab und dann wanderten sie zusammen durch die Gegend, suchten stille Plätzchen auf, wo sie vor jedem Lauscher sicher waren.

Plötzlich hörten Thomas' Besuche im Seecafé auf. Die Ursel konnte sich nach ihm die Augen ausschauen, er kam nicht mehr. Er stand auch nicht mehr am Weg, wenn sie spät am Abend vor ihrem freien Tag ins Dorf ging. Am Anfang suchte sie ihn noch zu entschuldigen. Vielleicht hatte er gerade keine Zeit oder es war sonst etwas los, wodurch er verhindert wurde. Aber als sie ihn dann weiterhin nicht mehr zu Gesicht bekam, schlug ihre anfängliche Enttäuschung in Wut und Verachtung um. Sie sagte sich, dass er keinen Deut besser sei als all die anderen. Sie war vernünftig genug einzusehen, dass es zwischen ihr und dem Haldersohn sowieso nie zu einer Heirat kommen konnte, denn der Thomas war der Hoferbe, der seine Bäuerin aus einem ganz anderen Haus holen musste. Trotzdem hatte sie sich mit ihm eingelassen, weil sie ihn mehr liebte als all die anderen, die ihr nachstellten. An die Zukunft wollte sie nicht denken; die Trennung kam früh genug und bis dahin wollte sie sich ungetrübt dem Glück hingeben.

Aber dass er sie nun einfach stehen ließ, als hätte es sie nie gegeben, das fand sie schuftig. Er war eben doch nur ein Bauer, der ausschließlich an seinen Besitz dachte und wie er ihn durch die Heirat vergrößern könnte.

An einem Abend, als sie wieder zu ihrer Großmutter heimkehrte, stand er am Weg und wartete auf sie.

Als sie ihn sah, verlangsamte sie ihren Schritt und blieb schließlich stehen.

»Bin's bloß ich, Ursel!«, sagte er, »Brauchst dich nicht zu fürchten!«

Er ging auf sie zu und streckte ihr die Hand hin, die sie etwas zögernd ergriff.

»Hast dich lange nicht mehr sehen lassen!«, erwiderte sie kühl. »Du musst dich heute ja wohl verlaufen haben!«

»Es ist immer wieder etwas dazwischengekommen.«

»Das kann ich mir denken!«, höhnte sie. »Es täte mir Leid, wenn du dich heute angestrengt hättest!«

Sie ging weiter, ohne sich noch um ihn zu kümmern.

Aber er lief neben ihr her. »Du erlaubst doch, dass ich dich ein Stück begleite?«

»Wenn du das unbedingt willst, kannst du es ja tun. Allerdings finde ich den Weg auch allein.«

»Ich meine aber, du solltest in der Dunkelheit nicht so allein diesen einsamen Weg gehen!«

»Denkst du, dass ich mich fürchte? Wovor denn? Ich habe keine Feinde, vor denen ich mich fürchten müsste!«, antwortete sie gleichmütig.

»Es muss ja nicht gerade ein Feind sein! Aber du bist ein hübsches Mädchen und die sind immer in Gefahr!«

Sie lachte spöttisch auf. »Ich danke dir für das Kompliment und deine Besorgnis um mich!«

Er merkte, dass sie auf ihn ärgerlich war. Ob sie

wohl schon etwas von der Sali wusste? Sicher, sonst könnte sie nicht so wütend sein.

Aber sie schlug plötzlich ein ganz anderes Thema an: »Hat man noch nichts gehört, wer den Förster niedergeschossen haben könnte?«

Sein Kopf fuhr nach ihr herum. »Ich nicht. Du müsstest eigentlich mehr darüber wissen; denn bei euch im Café verkehren eine Menge Leute«, antwortete er.

»Wenn ich darauf achtete, was sie reden, käme ich nicht zum Bedienen. Ich weiß nur, dass sie den Aniser Fred wieder laufen ließen. Anscheinend hatte er doch ein gutes Alibi.«

»Kann schon sein.«

Daraufhin schwiegen sie länger. Sie schlug den kürzesten Weg zum Dorf ein und ging rasch weiter.

»Du hast mich doch nicht umsonst abgepasst«, begann sie plötzlich, immer noch sachlich und kühl. »Was wolltest du mir sagen? Wann ist die Hochzeit?«

»Hochzeit? Ich weiß nichts von einer Hochzeit.«

»Es wäre mir lieber, du sagtest die Wahrheit, aber du hast wohl nicht den Mut dazu, wie?«

»Man wird älter und reifer, Ursel. Auf einmal hören die Spielereien auf und dann sieht man sich plötzlich dem Ernst des Lebens gegenüber. Mein Vater will im nächsten Jahr übergeben.«

»Ich verstehe! Du musst dich also nach einer Bäuerin umsehen, die aus anderen Verhältnissen kommt als ich. So ist es doch?«

Er griff nach ihrer Hand und hielt sie gewaltsam fest, als er ihr Widerstreben bemerkte. »Fall jetzt nicht gleich aus den Wolken, Ursel! Wir haben beide gewusst, dass es einmal so kommen müsste und dass uns beiden Grenzen gesetzt sind, über die wir nicht hinwegkönnen. Aber glaube mir, ich hab dich wirklich aus ganzem Herzen gern gehabt!«

»Gehabt?«, fiel sie ihm ins Wort. »Jetzt wohl nicht mehr, seit dir eine andere über den Weg gelaufen ist, eine reiche Bauerstocher?«

»Was weißt du davon?«

»Nichts. Und ich will auch nichts wissen. Dass es aber so ist, vermögen sogar noch Dümmere als ich zu erraten!«

»Wir hätten nie heiraten können, Ursel, das siehst du doch auch ein. Je eher wir also Schluss machen, desto besser ist es für uns beide. Aber glaub mir wenigstens das eine: Es war meine schönste Zeit und ich weiß nicht, ob ich noch einmal so glücklich werden kann.«

Sie riss ihre Hand von seiner Umklammerung los und ging weiter. Vor ihnen lagen jetzt die Lichter des Dorfes.

Er blieb an ihrer Seite. »Ursel, versteh mich doch!«

»Mir wär lieber, du ließest mich in Ruhe mit deinem Geschwätz!«, fuhr sie ihn an. »Es ist sehr aufmerksam von dir, dass du mich wenigstens nicht in Unkenntnis gelassen hast. Du brauchst dich nicht zu entschuldigen, denn das habe ich bereits für dich getan: Du bist der Sohn eines reichen Bauern, dir geht es genauso nur um Besitz und Geld wie deinem Vater. Es kann keiner aus seiner Haut heraus, darum habe ich sogar Verständnis für deine Schuftigkeit. Oder hast du gar Angst vor mir? Fürchtest du, ich könnte dich vor deiner Braut bloßstellen? Da kennst du aber die Hütter Ursel schlecht! Du hast von mir nichts zu befürchten! Und jetzt tu mir wenigstens den einen Gefallen und lass mich allein!«

»Ursel! Vielleicht brauchst du einmal meine Hilfe! Ich werde immer für dich da sein!«

»Danke! Aber ich brauche deine Hilfe nicht!«

Jetzt blieb er zurück und schaute ihr noch eine Weile nach, bis ihre Gestalt von der Nacht verschluckt wurde.

Dann atmete er befreit auf. Das hatte er also hinter sich gebracht. Er hatte keinen Zweifel darüber, dass die Ursel sich schon bald mit einem anderen Freund trösten würde.

Er kehrte um und schlug den Weg zum Halderhof ein.

Die Hütter Barb hatte im Armenhaus ihre kleine Zweizimmerwohnung zu ebener Erde, gleich hinter der ersten Tür, wenn man den breiten, kahlen Gang betrat. Wenn das Haus schon von außen mit seinem schadhaften Verputz einen wenig ansprechenden Eindruck machte, so sah es auch im Innern nicht viel besser aus. Man sah den Wänden an, dass sie schon jahrelang nicht mehr geweißt worden waren, und der Boden des Ganges war abgetreten und löcherig. Wer kümmerte sich schon um die Leute, die hier kostenlos untergebracht waren! Alle waren mehr oder weniger schuldhaft in Armut geraten, verkrachte Existenzen, die ihren Lebensabend hier verbrachten.

Das Haus stand etwas abseits vom Dorf, durch den Mühlbach von den anderen Häusern getrennt, über den eine schmale Brücke führte. Das Armenhaus war stets der Schandfleck des Ortes, aber man konnte nicht darauf verzichten, weil es immer wieder Leute gab, meist alte Menschen, die zur Fürsorge kamen und untergebracht werden mussten.

So lebte auch die Hütter Barb schon etwa zwei Jahrzehnte in diesem Haus. Wenn man ihre Wohnung betrat, geriet man zunächst in eine Wohnküche. Ein alter

Herd war da, darüber hingen an der Wand Pfannen und sonstige Küchengeräte. In der Fensterecke stand ein altes Lederkanapee und davor ein Tisch mit ein paar Stühlen.

Da die Hütter Barb nur selten einmal ein Fenster öffnete, roch es eklig und dumpfig.

Durch eine Verbindungstür gelangte man in eine schmucklose Schlafstube, in der nur eine hochbeinige Bettlade, ein Schrank und eine Truhe standen.

Die Hütter Barb stand am Herd und bereitete in einer Pfanne ihr Nachtessen. Sie war immer noch erstaunlich rüstig. Ihr hagerer Körper war aufrecht und auch noch sehr beweglich. Das Beweglichste an ihr aber waren die Augen, die hellwach und mit grüngrauem Schimmer aus dem knöcherigen Gesicht hervorschauten. Sie konnte noch ohne Brille lesen und Strümpfe stopfen.

»Die Hütter Barb macht am jüngsten Tag die Läden zu!«, spotteten die Leute und niemand wusste, wie alt sie war. Man sah sie nie ohne ihr dunkles Kopftuch, darum wusste auch niemand, dass ihr am Hinterkopf langsam die Haare ausgingen. Dafür sprossen sie um so mehr an ihrem Kinn und an der Oberlippe. Und wenn sie nicht ab und zu mit der Schere darüberginge, trüge sie längst einen respektablen männlichen Bart.

Als die Ursel bei ihr eintrat und sogleich das Fenster öffnete, drehte sie sich unwirsch nach ihr um. »Was reißt du schon wieder das Fenster auf!«, rief sie mit ihrer Bassstimme.

»Du hast eine Luft in der Küche, dass man ersticken könnte«, antwortete das Mädchen schaudernd. »Ich wundere mich bloß, wie du das aushältst!«

»Du hast es früher auch ausgehalten, aber nun ist

deine Nase schon so empfindlich geworden, dass du nicht einmal mehr den Gemüsedampf verträgst!«

»Es riecht nicht nach Gemüsedampf, sondern nach verdorbenem Fett!«

»Ich habe kein verdorbenes Fett im Haus und im Übrigen brauchst du ja nicht mitzuessen!«

»Danke, ich hab schon gegessen, Großmutter.«

Die Alte schielte zum Fenster. »Mach zu! Die Nächte sind jetzt schon kalt!«

»Dann mach wenigstens ab und zu bei Tag das Fenster auf!« Die Ursel schloss das Fenster und zog den Vorhang zu.

Die Alte brachte jetzt das Essen auf den Tisch und nahm es gleich aus der Pfanne zu sich.

Die Ursel schlüpfte aus ihren Schuhen und legte die Jacke und das Kopftuch ab. Dann stellte sie sich vor einen kleinen Wandspiegel und schob ihre Frisur zurecht.

»Warum bist du denn heute so spät dran?«, frage die Großmutter kauend.

»Ich bin nicht eher weggekommen.«

»Es wird jetzt schon früh dunkel. Ich hab's nicht gern, wenn du so allein auf dem Weg bist!«

»Warum? Was sollte mir schon geschehen!«

»Man hört oft genug, dass Mädchen und junge Frauen überfallen werden!«

Die Ursel lachte verbittert auf. »Dann wäre ich eben auch einmal überfallen worden!«

Die Großmutter warf ihr einen fragenden Blick zu und unterbrach sogar das Kauen, obwohl sie den Mund voll hatte. »Wie du daherredest! Überhaupt meine ich, dass du heute recht böslaunig bist! Ist vielleicht etwas nicht in Ordnung?«

»Es ist alles in bester Ordnung, Großmutter, aber

man ist nicht jeden Tag gleich gut aufgelegt«, war die Antwort der Ursel. Sie setzte sich zu der Alten an den Tisch und schaute geistesabwesend vor sich hin. Dabei blitzte es manchmal in ihren dunklen Augen auf wie unter dem Widerschein der Gedanken, die ihr durch den Kopf gingen.

Die alte Barb war mit dem Essen fertig und räumte den Tisch ab. Sie legte das Geschirr in den Spültrog und wischte ihre Hände an einem steifen Handtuch ab.

»Auf alle Fälle hast du es gut«, unterbrach sie das lange Schweigen. »Du bist gut gekleidet, hast dein Essen und einen sicheren Verdienst.«

»Ich beklage mich auch nicht, Großmutter!«

»Aber du bist in letzter Zeit unzufrieden geworden! Denk ja nicht, dass ich das nicht merke. Es heißt nicht umsonst: Wenn es dem Esel zu wohl ist, geht er aufs Eis!«

Das Mädchen schwieg.

»Wirst dich doch nicht gar in eine dumme Liebschaft eingelassen haben?«, lauerte die Alte.

»Ich? Müsst mir einfallen!«

»Nun ja, es könnte ja sein. Nicht alle Männer meinen es ehrlich, Dirndl. Sie machen sich an ein junges Mädchen heran, verdrehen ihm den Kopf, solange sie ihre Lust daran haben. Dann lassen sie es stehen und heiraten eine andere. Und dann sitzt man da so wie du!«

Die Ursel warf ihr einen bestürzten Blick zu. »Wie du redest, Großmutter! Man könnt meinen, es wäre wer weiß was passiert.«

»Ich denk an deine Mutter! Sie ist damals auf und davon und hat nie mehr etwas von sich hören lassen. Ich weiß nicht einmal, ob sie noch lebt! Über solche

Niederträchtigkeiten kann ein junges Mädchen den Verstand verlieren!«

Die Ursel winkte unwillig ab. »Es muss nicht jeder gerade ein Schuft sein und hat man wirklich das Unglück, an einen solchen zu geraten, jagt man ihn eben fort und nimmt einen anderen!«

»Wenn es dann nur nicht zu spät ist! Ist man erst schwanger, wie deine Mutter, dann ist es vorbei damit! Man darf eben nie vergessen, woher man kommt und was man von seinem Leben erwarten kann. Ein hübsches Gesicht allein tut es nicht!«

»Ich weiß schon, was du sagen willst: Ich bin im Armenhaus aufgewachsen.«

»Leider. Aber was kann man gegen sein Schicksal machen?«

»Lassen wir das, Großmutter, und reden wir von etwas anderem! Ich bin nicht dazu aufgelegt. Was gibt es sonst Neues? Weiß man schon Näheres über den Anschlag auf den Förster?«

»Der Förster ist nicht mehr in Lebensgefahr, aber er scheint recht schwer verwundet worden zu sein.«

»Ja, das habe ich auch gehört. Aber vom Täter weiß man nichts?«

»Einige Tage hatte man den Fred in Haft genommen, weil man annahm, er könnte der Wilderer sein. Aber man musste ihn wieder laufen lassen, der Förster selbst soll ihn entlastet haben, weil seine Personenbeschreibung gar nicht auf den Aniser passte.«

»Schau, Großmutter, da haben wir es wieder!«, rief die Ursel verbittert. »Der Fred ist der Sohn eines Hausierers und sofort fällt der Verdacht auf ihn, wenn eine Untat begangen wird! Dass auch einmal unter den angesehenen Bauernsöhnen ein solches Früchtchen stecken könnte, daran denkt niemand! Immer sind es die Kleinen, denen man ein Verbrechen zutraut!«

»Nun ja, der Fred hat nicht gerade den besten Ruf, er war immer ein Faulenzer und Herumtreiber.«

»Deswegen muss er noch lange kein Wilderer sein und erst recht kein Mörder! Aber die Polizei macht es sich eben auch möglichst leicht.«

»Das Dorf ist groß und es leben vielerlei Menschen darin. Gegen wen soll man denn da einen Verdacht richten?«

»Wildern ist eine Leidenschaft, Großmutter, von der auch die Reichen befallen werden können!«

»Eben, das meine ich ja.«

Später machte die Ursel sich auf dem Kanapee ihr Bett zurecht. Das Zeug dazu holte sie aus der Truhe, die in der Schlafstube stand.

Als kleines Kind hatte sie schon auf diesem Kanapee geschlafen und es als ganz selbstverständlich hingenommen. Die Großmutter hatte ihr die Eltern ersetzt, das Armenhaus war ihr zur Heimat geworden wie einem anderen Kind das Elternhaus. Sie hatte sich auch daran gewöhnt, dass sie in manchen Nächten ganz allein war, wenn die Großmutter in einem Sterbehaus die Totenwache gehalten hatte. Dass sie eine Armenhäuslerin war, das kam ihr erst später zum Bewusstsein, als sie in die Schule ging, denn es gab Kinder, die sie es fühlen ließen.

Aber sie hatte sich daran gewöhnt.

Manchmal stellte sie an die Großmutter die Frage, warum sie nicht auch in einem eigenen Haus wohnten wie die anderen Dorfleute, aber erst, als sie fast erwachsen war, gestand ihr die Alte, dass es für sie keinen andere Unterkunft mehr gegeben habe, nachdem der Großvater gestorben war. Er hätte eine Menge

Schulden hinterlassen, sodass man ihr das Haus und alles weggenommen habe.

Damals hatte sie den Vorsatz gefasst, dass sie, wenn sie einmal gut verdiente, mit der Großmutter in eine andere und schönere Wohnung ziehen wolle.

Ob sie heute noch diesen Vorsatz hatte?

Als Thomas, nachdem er sich von der Ursel getrennt hatte, zum Halderhof zurückkehrte, war er froh, endlich diese Aussprache mit dem Mädchen herbeigeführt zu haben, aber trotzdem hatte er Gewissensbisse. Er wusste, dass er sie bitter enttäuscht hatte, und das tat ihm jetzt Leid. Vielleicht hatte sie ihn wirklich geliebt und womöglich hatte sie sich falschen Hoffnungen hingegeben. O ja, sie hatte ihm schon einmal etwas bedeutet, die schwarzäugige Ursel! Er war hingerissen von ihrer Schönheit, sodass er vergessen hatte, dass sie aus dem Armenhaus stammte.

Aber es hätte gegen alle Vernunft verstoßen, wenn er dadurch seine ganze Zukunft aufs Spiel gesetzt hätte. Immer wieder hatte der Vater ihn in letzter Zeit ermahnt, sich endlich um eine junge Bäuerin zu kümmern, damit er den Hof übergeben könnte.

Welch ein glücklicher Zufall war es gewesen, dass er die Sonnenberger Sali kennen gelernt hatte! Auf den ersten Blick hatte er sich in dieses Mädchen verliebt und es nicht mehr aus dem Sinn gebracht. Sofort hatte er erkannt, dass die Sali ihm alles doppelt und dreifach ersetzen würde, was er durch die Hütter Ursel verloren glaubte. Und das Glück wollte es, dass er bei der Sali auf Gegenliebe stieß.

Im Halderhof geboren, immer von Wäldern und Bergeinsamkeit umgeben, trat ihm das Leben von Anfang an in seiner uneingeschränkten Freiheit entgegen.

Er hatte keine Spielkameraden, nicht einmal Geschwister, denn der Poldi wurde erst geboren, als er schon beinahe erwachsen war. Seine einzige Gefährtin war die Natur gewesen und je heftiger sie sich gebärdete, desto mehr liebte er diese Naturkräfte, die sommerlichen Gewitter, die Stürme, das winterliche Schneetreiben und den Donner der Lawinen.

Als hätten diese elementaren Kräfte Einfluss auf ihn genommen, entwickelte sich sein Wesen zu gleicher Heftigkeit und Leidenschaft. Er liebte das Abenteuer und auch die Gefahr; er forderte heraus und wollte herausgefordert werden.

O nein, Ursel, nicht weil die Sali aus einem angesehenen und vermögenden Haus kommt, will ich sie heiraten. Diesen Vorwurf machst du mir zu Unrecht! Ich liebe sie, wie ich zuvor noch keine Frau geliebt habe. Es ist eine in jeder Beziehung leidenschaftliche Liebe!

Ja, bei der Sali hatte man das Gefühl, dass die Liebe, die sie zu verschenken vermochte, Berge versetzten konnte.

Als Thomas daheim ankam, sah er zu seiner Überraschung ein Auto vor der Tür stehen. Hell leuchtete aus den Fenstern der Stube und Küche das Licht heraus.

Den Wagen kenn ich doch, sagte er sich und betrachtete ihn von allen Seiten. Ist's möglich! Die Sali ist da!

Er eilte ins Haus und betrat die Stube. Zu seiner Enttäuschung fand er nur den Alpmeister Sonnenberger und seinen Vater vor. Beide hatten Wein vor sich stehen und unterhielten sich gut gelaunt.

Thomas ging auf den Gast zu und begrüßte ihn. Dann legte Thomas den Hut ab und knöpfte seine Jacke auf. Sein Gesicht war von der frischen Luft gerötet.

»Wo bist du denn so lange gewesen?«, fragte der Vater.

»Bloß ein bisschen spazieren«, antwortete Thomas und wollte sich zu ihnen an den Tisch setzen.

Der Alpmeister zwinkerte ihm bedeutungsvoll zu. »Die Sali ist auch da«, sagte er.

»Wirklich?«, rief Thomas erfreut. »Wo denn?«

»Bei der Mutter in der Küche«, sagte der Vater.

Da lief Thomas auch schon zur Tür hinaus.

Die beiden Alten warfen sich einen schmunzelnden Blick zu. Vielleicht erinnerten sie sich einen Augenblick an ihre eigene Jugend.

Dann setzten sie ihre Unterhaltung fort.

»Soviel ich gehört habe, soll bei der Operation die Kugel gefunden und von der Polizei sichergestellt worden sein«, erzählte der Alpmeister. »Vielleicht kommt man dadurch der Aufklärung näher.«

»Das wäre zu hoffen!«, erwiderte der alte Halder.

»Man hat zum Beispiel festgestellt, dass sie aus einem Feuerstutzen abgeschossen wurde. Das ist immerhin schon ein Anhaltspunkt, und wie ich den Walser einschätze, wird er nicht ruhen, bis er diesen Stutzen gefunden hat!«

Unterdessen hatte Thomas in der Küche die Sali begrüßt. Sie half der Mutter beim Aufräumen und schien bereits guten Kontakt hergestellt zu haben. Die Mutter strahlte über das ganze Gesicht.

»Du kommst zum ersten Mal in unser Haus und fängst gleich an zu arbeiten?«, rief Thomas.

»Sie wollte es nicht anders!«, verteidigte sich die Mutter.

»Wir haben uns dabei recht gut unterhalten, nicht wahr, Haldermutter?«, lachte die Sali.

»Ich freue mich ganz narrisch, Sali, dass du gekommen bist!«, rief Thomas und schaute sie glückstrahlend an.

»Ich hab's doch versprochen, und was man verspricht, muss man halten.«

»Hast du dich schon ein wenig umgeschaut im Haus?«

»Das würde mir schlecht anstehen!«, lachte sie.

»Komm', gehen wir doch ein bisschen herum, wenn du dazu Lust hast!«

»Jetzt?«

»Warum nicht?«

Die Bäuerin nickte ihnen aufmunternd zu und darauf folgte die Sali ihm durch das Haus. Er zeigte ihr die einzelnen Räume, sie stiegen über die breite Treppe hinauf ins obere Stockwerk, wo noch viele Zimmer lagen.

»Hast du meinen Bruder, den Poldi, schon gesehen?«, fragte er zwischendurch.

»Doch, aber er ist dann plötzlich verschwunden.«

»Er muss früh ins Bett, weil er doch noch sehr klein ist, ein Nachzügler, den man eigentlich nicht mehr erwartet hatte.«

»Dafür wird ihn jeder gern haben«, meinte sie.

»Und wie! Er ist ein ganz durchtriebenes Bürschchen!« Das sagte er nicht so, als hätte er etwas an seinem kleinen Bruder auszusetzen, im Gegenteil, es klang stolz.

Dann standen sie auf der Altane, die sich um die ganze Hausfront hinzog. Jetzt waren die Blumen schon weggeräumt, die im Sommer über die Brüstung hinabhingen und dem Haus einen lebendigen Schmuck verliehen.

Sie stützten sich auf der Brüstung auf und schauten hinaus in die stille Herbstnacht. Über den föhnigen

Himmel zogen die Wolken. Hinter den schwarzen Wäldern ragte der Gebirgsstock empor.

»Schau, alle Wälder ringsum sollen einmal im Besitz der Bauern vom Halderhof gewesen sein«, sagte er in das Schweigen hinein. »Meine Urahnen gingen noch auf die Jagd. Erst zu meines Großvaters Zeiten ging das alles in den Besitz der Grafen von Rechberg über. Heute sind alle Waldungen, soweit man sie von hier aus sehen kann, Staatseigentum.«

Sie hörte ihm interessiert zu.

Er deutete zum dunklen Wald. »Gleich in der Nähe gibt es noch Reste eines ehemaligen Burgstalls«, erklärte er. »Ich weiß nicht, wie lange der Halderhof schon steht, aber an die dreihundert Jahre sind es bestimmt.«

»So alt ist er schon?«

»Natürlich wurde er von Generation zu Generation mehrmals umgebaut. Den Stall hat mein Vater erstellt, darum sieht er noch so neu aus. Wir brauchen Platz für zwei Dutzend Milchkühe und für eine größere Anzahl Jungvieh. Übrigens, wie gefallen dir meine Eltern?«

»Gut! Sehr gut sogar!«

»Der Vater ist in den letzten Jahren sehr gealtert. Er möchte sich bald zur Ruhe setzen, darum drängt er mich zum Heiraten. Aber bis jetzt wollte ich noch nichts davon wissen – erst seitdem ich mit dir zusammengetroffen bin, ist das plötzlich anders geworden: Jetzt möcht es mir selbst eilen!«

Er wandte sich ihr zu und ergriff ihre Hände. »Sali, willst du Bäuerin vom Halderhof werden? Wie gern ich dich habe, brauche ich dir doch nicht zu sagen! Das hast du längst bemerkt.«

Sie hob das Gesicht und wehrte sich nicht, als er sie fest in die Arme nahm und küsste.

»Ich werde in den nächsten Tagen zu euch kommen und mit deinen Eltern reden«, sagte er dann mit bewegter Stimme. »Ich bin so glücklich, Sali!«

Als sie ins Haus zurücktraten, hakte sie sich bei ihm ein. »Es hat alles so kommen müssen«, flüsterte sie lachend. »Zuerst ein Autounfall mit allen Scherereien – und schließlich eine Verlobung. Man möcht's nicht glauben!«

»Gelt? Das Glück kommt häufig zur Hintertür herein.«

Sie betraten die Stube und fanden sie leer.

»Nanu? Wo sind denn unsere Väter hingekommen?«, rief das Mädchen.

»Sie besichtigen den Stall«, sagte die Bäuerin, die gleich hinter ihnen hereingekommen war.

Die Sali lachte. »Dann kommen sie so schnell nicht zurück! Wenn mein Vater einen Viehstall besichtigt, macht er es gründlich!«

Alle lachten darüber.

»Als Alpmeister hat er eben Interesse daran«, meinte Thomas.

Sie setzten sich an den Tisch und warteten.

»Möchtest du noch etwas trinken?«, fragte die Bäuerin das Mädchen.

»Danke! Ich werde mich ans Steuer setzen müssen; denn soviel ich gemerkt habe, ist mein Vater über die erlaubten Promille längst hinaus!«

Sie wandte sich an Thomas: »Übermorgen fahre ich in die Stadt; es ist Zeit, dass ich wieder einmal nach dem Förster schaue.«

Thomas' Stirn umwölkte sich etwas, trotzdem antwortete er: »Natürlich, Sali, sicher wartet er darauf.«

»Hast du nichts in der Stadt zu tun? Ich würde mich freuen, wenn du mitführest.«

Die Wolke auf seiner Stirn verschwand. Er warf seiner Mutter einen Blick zu und bemerkte ihre Zustimmung. »Herzlich gern fahre ich mit!«, sagte er dann. »Sicher habe ich auch einiges zu besorgen, bevor nun der Winter kommt.«

»Ich komme vorbei und hole dich ab.«

Als die Sonnenberger weggefahren waren, gab es in der Stube des Halderhofes zwischen den Bauersleuten und ihrem Sohn noch eine längere Besprechung. Sowohl der Vater als auch die Mutter waren von Sali restlos begeistert und stimmten einen wahren Lobeshymnus an.

»Ein tüchtiges, wohlerzogenes Dirndl!«, meinte der Alte. »Und sie kommt aus gutem Haus.« Er wandte sich an seinen Sohn: »Wenn ich dir raten darf, dann halte dich daran. Eine bessere Bäuerin findest du nicht mehr!«

Thomas grinste. »Das ist bereits geschehen, Vater.«
»Wie meinst du das?«
»Wie ich es sage. Die Sali wird meine Bäuerin!«
»Ihr seid euch also schon einig?«
»Ja. In den nächsten Tagen werde ich drüben vorsprechen und um ihre Hand anhalten.«
»Nun, dann ist ja alles gut. Unser Einverständnis hast du!«
»Dank schön, Vater.«
»Dann könnt ja schon im Frühjahr die Hochzeit sein?«
»Meinetwegen sogar noch früher!«

Seit der Förster außer Lebensgefahr war, zog auch im einsamen Forsthaus von Daxen wieder eine etwas frohere Stimmung ein. Lange genug hatte die borstige

Burgl in ihrer Angst und Sorge schweigsam und betrübt ihre Alltagsarbeit verrichtet. Sie wusste, wenn der Förster nicht mehr zurückkäme, wäre auch für sie die Zeit in diesem Forsthaus zu Ende.

Dem Forstgehilfen Walser schenkte sie gerade noch so viel Aufmerksamkeit, als unbedingt notwendig war. Aber sie musste ihm das Essen hinstellen, wenn er zu den Mahlzeiten heimkam, sie musste ihm das Bett machen und für ihn sorgen, wie sie es zuvor getan hatte.

Der Forstgehilfe war jedoch selbst so deprimiert, dass ihm das mürrische Wesen der Burgl gar nicht auffiel. Er fand ihr Schweigen und ihre Nervosität selbstverständlich, denn die Burgl war immerhin schon sehr lange beim Förster. Sie hatten sich zusammengestritten und gehörten zusammen. Einer war ohne den anderen nichts mehr.

Nun aber war die Krise überwunden und der Förster sah seiner Genesung entgegen. Freilich, der Arzt machte kein Hehl daraus, dass sein Aufenthalt im Krankenhaus sehr lange dauern könnte, womöglich den ganzen Winter über, außerdem war zu befürchten, dass eine Behinderung, vielleicht ein Hinken, zurückbleiben würde, was allerdings nicht zu einer Dienstunfähigkeit führen musste. Mit einiger Energie, die man dem Förster gern zutraute, würde er schon wieder auf die Beine kommen.

Das alles war zweitrangig. Die Hauptsache war, dass er überhaupt am Leben war.

Die Fahndung der Polizei war bis jetzt erfolglos verlaufen. Die Vernehmungen hatten auf keine Spur geführt. Der Zufall würde mithelfen müssen, die Untat aufzuklären.

Unabhängig davon machte sich auch der Forstgehilfe Walser auf die Suche nach dem Wildschützen. Er rechnete damit, dass früher oder später der Bursche doch wieder in seine Gewohnheit zurückfiel und aufs Neue seinen Jagdfrevel trieb. Er überwachte das Revier, lag selbst zu den unmöglichsten Zeiten auf der Lauer und ging allen verdächtigen Geräuschen nach. Jedesmal hatte er seinen Hund bei sich, um ihn sofort auf eine Spur setzen zu können. Aber so viel er sich auch bemühte, es war alles umsonst. Er fand nicht die geringste Spur davon, dass irgendwo im Forstgebiet gewildert wurde. Wahrscheinlich hatte der Unbekannte aus Furcht vor der Entdeckung das Wildern eingestellt. Oder war er aus dem Ort geflohen um sich irgendwo anders niederzulassen? Vielleicht sollte man damit beginnen und erst einmal nachforschen, wer in letzter Zeit aus dem Dorf abgewandert war? Aber das hatte die Polizei bestimmt längst getan.

Nebenbei überwachte Walser die Hütte des Hausierers Aniser, vor allem beschattete er den Fred, den er immer noch in Verdacht hatte, wenn die Polizei ihm auch nichts hatte nachweisen können. Walser hielt ihn für einen gerissenen Burschen, der schwer einer Straftat zu überführen sein dürfte.

Aber auch der gerissenste Verbrecher machte einmal einen Fehler. Man durfte ihn bloß nicht aus den Augen lassen.

Etwa eine halbe Stunde dauerte die Fahrt mit dem Auto bis in die Kreisstadt. Die schmale Verbindungsstraße führte durch ein paar kleinere Dörfer. Der Verkehr war ruhig, denn die große und viel befahrene Bundesstraße verlief weiter draußen durch das breite Flusstal.

Es war ein trüber, regnerischer Herbsttag, an dem

Thomas mit der Sali zur Stadt fuhr. Sie lenkte ihren Wagen und er saß neben ihr.

Er erzählte, dass seine Eltern von ihr begeistert seien und bereits fest damit rechneten, sie bald schon als Schwiegertochter auf dem Halderhof begrüßen zu können. Es läge also jetzt nur noch an ihr und an ihren Eltern, wann die Hochzeit sein sollte.

»Ich werde gleich in den nächsten Tagen bei deinen Eltern um deine Hand anhalten«, fügte er hinzu.

»Ich glaub nicht, dass du Schwierigkeiten haben wirst!«, lachte sie viel sagend.

So plauderten sie fröhlich und glücklich über ihre bevorstehende Hochzeit, träumten von ihrer gemeinsamen Zukunft, sie planten und schwärmten.

In der Stadt angekommen, stellte die Sali den Wagen auf dem breiten Kirchplatz ab, wo sie gerade noch eine Parklücke fand.

Sie schlug vor zuerst die Besorgungen zu machen, danach könnten sie zu Mittag essen und erst dann wollten sie den Förster im Krankenhaus besuchen, da doch erst am Nachmittag Besuchszeit war.

Er war mit allem einverstanden. Arm in Arm schlenderten sie durch die belebte Geschäftsstraße und betraten die Läden, in denen die Sali etwas einkaufen wollte. Auch Thomas hatte einen Zettel bei sich, auf dem die Mutter aufgeschrieben hatte, was er besorgen sollte.

Es vergingen ein paar Stunden, bis sie damit fertig waren. Sie schlossen die Sachen im Auto ein und inzwischen war es Zeit zum Essen.

Sie kehrten in einem freundlichen Gasthaus ein, fanden einen leeren Tisch am Fenster, von wo man auf die Straße hinausschauen konnte.

Schon nach kurzer Zeit hatte sich das Lokal mit

Gästen gefüllt. Kellnerinnen liefen hin und her, nahmen die Bestellungen entgegen und trugen die Essen auf.

»Es ist recht nett hier«, sagte Thomas, als sie vor ihrem Essen saßen. »Ich werde hier auf dich warten, bis du vom Krankenhaus zurückkommst.«

Die Sali schaute verwundert auf. »Warum? Willst du denn nicht mitkommen?«

»Ich gehe ungern in ein Krankenhaus. Es riecht dort so nach Krankheit und Operation. Da habe ich jedesmal das Gefühl, als wäre die ganze Welt krank, und das macht mich trübsinnig.«

Sie lächelte ihm verständnisvoll zu. »Dabei weiß keiner von uns, ob er nicht selbst einmal dort eingeliefert werden muss!«

»Freilich, da hast du schon Recht. Aber ich bin einmal so komisch!«

»Der Förster würde sich bestimmt sehr freuen, wenn er dich sieht!«

»Meinst du?«

»Er ist doch oft zu euch in den Halderhof gekommen, darum würde es sich schon gehören, dass du ihn besuchst! Ich möchte ihm gern verraten, was mit uns beiden los ist. Ich weiß, er wird sich mächtig freuen!«

»Er könnte aber auch eifersüchtig sein!«, scherzte er und zwinkerte schalkhaft.

»Aber Thomas! Du glaubst doch nicht –«

Er lachte. »Ach wo! Es ist bloß ein Spaß!«

»Ich könnte es dir nicht verzeihen, wenn du auch nur einen Gedanken daran gehabt hättest. Es ist wahr, ich habe den Förster gern und habe mich immer gefreut, wenn er zu uns gekommen ist. Aber zum Heiraten ist er mir doch zu alt.«

»Du wirst mir doch nicht den kleinen Scherz verübeln? Ich weiß doch, dass du mir gehörst, und ich gebe dich auch nicht mehr frei, und wenn ein ganzes Heer aufmarschieren würde!«

»Hast du etwas dagegen, wenn ich auch meine Zither auf den Halderhof mitbringe?«

»Ich bitte dich sogar darum! Eine Zither spielende Bäuerin finde ich einfach großartig. Wir werden auch manchmal den Förster einladen, damit du mit ihm wieder musizieren kannst wie früher!«

Sie warf ihm einen strahlenden Blick zu. »Eines Tages werden wir eine ganz andere Musik hören, wenn einmal ein kleiner Halderhofer in seinem Stubenwagen schreit!«

Er tastete nach ihrer Hand und drückte sie.

Dann stand plötzlich jemand an ihrem Tisch, ein neuer Gast, der sich nach einem Platz umschaute.

Thomas hob den Blick und stutzte, als er da plötzlich ein bekanntes Gesicht vor sich sah. Wie konnte es nur möglich sein, dass man hier mitten in der Stadt, wo es doch so viele Menschen gab, so zusammentreffen konnte, als hätte man sich zusammenbestellt. Da sah man wieder, was der Zufall vermochte.

Es war der Fred, der wie aus der Erde gestampft vor ihnen stand in seiner schmächtigen und doch drahtigen Gestalt, das lange schwarze Haar in den Nacken zurückgekämmt, dass es auf den Kragen stieß. Am Kinn hatte er einen schmalen Bartstreifen, die Augen schauten herausfordernd in die Welt.

»Der Thomas!«, grinste er jetzt. »Du bist auch in der Stadt?«

»Wie du siehst«, antwortete Thomas kurz.

Der Fred musterte eingehend seine Begleiterin, die er nicht zu erkennen schien, obwohl sie ihm irgendwie bekannt vorkam.

»Deine neue Eroberung?«, fragte er.

Thomas fand diese Frage zu unverschämt um sie zu beantworten.

Aber das machte dem Fred nichts aus. »Darf ich mich zu euch setzen? Es ist ja so voll hier!«

Er wartete die Erlaubnis nicht ab, sondern hängte seinen Mantel an den Haken und setzte sich zu ihnen an den Tisch.

»Das ist der Sohn vom Aniser«, wandte Thomas sich an die Sali.

»Fred Aniser«, stellte der Fred sich jetzt selbst vor und streckte ihr die Hand hin. »Eigentlich ein ganz bekannter Name!«

Die Sali berührte kurz seine Hand. »Den Vater kenne ich schon«, sagte sie und versuchte zu lächeln.

»Das glaub ich gern, denn es gibt in der ganzen Umgebung kaum ein Haus, das der Aniser mit seiner Kraxe noch nicht gefunden hat«, erwidert der Fred und schaute nach der Kellnerin aus, um seine Bestellung zu machen. »Aber der Sohn hat es noch zur größeren Berühmtheit gebracht, seit man ihn in aufmerksamer Weise wegen des Anschlags auf den Förster verhaftet hat!«

Endlich konnte er der Kellnerin ein Zeichen geben. Sie kam auch sofort und nahm seine Bestellung entgegen.

Sali warf Thomas einen Blick zu, den er sofort verstand. Er zog seine Geldbörse aus der Tasche und verlangte zu zahlen.

»Ihr wollt schon gehen?«, fragt der Fred enttäuscht.

»Wir müssen, weil wir noch einiges zu besorgen haben«, antwortete Thomas.

»Schade! Da trifft man sich nun nach langer Zeit einmal und kann kaum ein paar Worte miteinander reden! Dass ich rehabilitiert bin, also mit dem Anschlag auf den Förster nichts zu tun habe, das ist dir doch bekannt?«, fragte der Fred mit einem seltsamen Blick auf Thomas.

»Natürlich weiß ich das. Warum schaust du mich so komisch an? Ich war es nicht, der dich verdächtigt hat! Ach, du meinst wohl, dass wir deswegen vor dir ausreißen?«

»Das will ich nicht hoffen. Außerdem weißt du genau, dass ich es nicht gewesen bin. Wildern war noch nie mein Geschäft und schon gar nicht könnte ich auf einen Menschen schießen. Für mich wäre die Schande gar nicht so groß gewesen, wenn mich der Förster ertappt und abgeführt hätte. Wegen ein paar Monaten Gefängnis bringe ich niemanden um. Das ist es mir nicht wert. Aber es gibt Wilderer, die sich unter keinen Umständen fassen lassen, weil sie glauben, sie könnten ihr Gesicht verlieren! Ich meine die angesehenen Bauernsöhne. Hab ich nicht Recht?«

Er schaute von Thomas auf das Mädchen. Plötzlich grinste er wieder. »Was reden wir da zusammen und verderben dem schönen Kind die ganze Freude! Ich überlege hin und her, wo ich Sie schon gesehen habe. Von Daxen sind Sie nicht?«

»Nein«, antwortete sie. »Von Schlehen.«

»Aha! Darum! Gesehen habe ich Sie schon.«

»Ich kann mich nicht erinnern.«

»Das ist verständlich; kleine Leute fallen nicht auf.«

Unterdessen hatte Thomas die Rechnung bezahlt. Er stand jetzt auf. »Wir müssen gehen, Sali.«

Fred sprang sofort auf und half ihr galant in Jacke, bevor Thomas nur daran denken konnte. »Noch recht viel Vergnügen und eine gute Heimfahrt!«

Es gab einen flüchtigen Händedruck und die beiden verließen das Lokal.

»Ein widerlicher Kerl!«, brummte Thomas, als sie auf der Straße standen.

»Ja, er hat einen frechen Blick«, bestätigte sie.

»Den muss doch der Teufel ausgerechnet in dieses Lokal geführt haben!«

Er hakte sich bei ihr ein und zog sie mit sich fort.

»Fahren wir lieber zum Krankenhaus!«

»Du gehst also mit?«, fragte sie erfreut.

»Wenn du es unbedingt willst?«

»Ja, Thomas, du machst mir eine Freude damit!«

Erst ab vierzehn Uhr konnten sie das Krankenhaus betreten. Es gab davor einen großen Parkplatz, auf dem sie den Wagen abstellen konnten. Sie blieben darin sitzen, bis es an der Zeit war. Sali wollte mehr über den Aniser Fred wissen, aber Thomas gab nur ausweichende Antworten.

»Ich möcht bloß wissen, wovon der Kerl überhaupt lebt!«, sagte er. »Es sind höchstens drei bis vier Monate im Jahr, in denen er arbeitet, die ganze übrige Zeit streunt und faulenzt er herum.«

»Vielleicht geht das Geschäft des Vaters so gut, dass er die Arbeit gar nicht nötig hat«, meinte sie.

»Daran ist wohl nicht zu denken. Brauchst bloß die Hütte vom Aniser anzuschauen, die Not blickt dich aus allen Ecken an. Nein, von seinem Vater hat er nicht viel zu erwarten und doch steigt er herum wie ein Baron. Wer weiß, welche Lumpereien er macht.«

»Du glaubst also auch, dass er wildert?«

»Ich weiß es nicht, und wenn die Polizei schon von seiner Unschuld überzeugt ist, werde ich mich hüten, etwas anderes zu sagen! Mir ist der Fred zu aufdringlich, das war er schon, als wir noch zur Schule gingen. Darum möchte ich möglichst wenig mit ihm zu tun haben.«

Er schaute ein paar Mal auf die Uhr, und als es endlich Zeit war, stiegen sie aus dem Wagen und betraten das Krankenhaus.

Die erste Schwester, die ihnen in den Weg kam, kannte die Sali schon und deutete durch ein Handzeichen an, dass sie den Kranken besuchen könnten.

Nur an dem bleichen Gesicht war dem Förster noch anzumerken, dass er eine schwere Krise durchzustehen hatte, sonst zeigte er sich bereits frisch und fröhlich. Er lag in einem blütenweißen Bett, hatte ein paar Bücher auf dem Nachttisch liegen, womit er sich die Zeit vertrieb. Es war ein Einzelzimmer, in dem er seit der Operation lag.

Freudig streckte er der Sali die Hand hin und versuchte sich im Bett etwas aufzurichten, was ihm noch nicht recht zu gelingen schien. Sie eilte hinzu und half ihm, indem sie das Kissen hinter seinen Rücken stopfte.

»Ich hatte den ganzen Tag schon das Gefühl, dass du heute kommen könntest«, sagte er und hielt dankbar ihre Hand eine Weile fest.

»Ich hab sogar jemanden mitgebracht!«, lachte sie und deutete auf ihren Begleiter.

»Der Thomas! Das ist aber nett!«

Er schaute sich im Zimmer um. »Bring doch den Stuhl dort am Fenster! Setzt euch ein wenig her zu mir!«

Sie rückten die Stühle ans Bett und ließen sich darauf nieder.

»Wie geht es denn?«, fragte die Sali.

»Ausgezeichnet! Wenn ich mich bloß etwas besser rühren könnte, dann wüsst ich überhaupt nicht, warum ich hier liege!«, lachte er. »So aber ist alles noch fest bandagiert. Alte Knochen heilen eben nicht mehr so rasch.«

»Die Hauptsache ist, dass alles wieder gut wird!«, meinte Thomas.

»Wir wollen es hoffen. Man sagt zwar, es könnte etwas zurückbleiben, vielleicht ein lahmes Bein, aber ich werde mich schon daran gewöhnen. Bis zu meinem Hochzeitstag ist bestimmt alles wieder in Ordnung!«, scherzte er.

»Das kann der Kerl gar nicht verantworten, was er da angestellt hat!«, zürnte die Sali. »Es muss schon eine ganz üble Kreatur sein, sonst könnte er nicht einfach einen Menschen zusammenschießen, der nur seine Pflicht tut.«

»Ganz so streng möchte ich ihn nicht verurteilen, Sali. Man braucht sich nur einmal zu überlegen, was wohl in ihm vorgegangen ist: Es war eine unruhige Nacht, die Hirsche röhrten, bald von hier, bald von dort kam das feindselige Brüllen aus der Dunkelheit. Man hörte sogar das Krachen, wenn zwei Feinde ihre Geweihe gegeneinander stießen. Wie mir, so konnte es auch dem anderen Lauscher zumute gewesen sein. Vielleicht wollte er auch nur die beiden Kämpfer auseinander jagen, wie ich es auch schon getan habe; denn man möchte ja verhindern, dass einer den anderen umbringt.«

»Sie meinen also, dass es gar kein richtiger Wilderer war?«, fragte die Sali ganz verwundert.

»Das kann ich ebenso wenig sagen. Jedenfalls hatte er einen geladenen Feuerstutzen bei sich, außerdem war sein Gesicht vermummt. Es ist also wohl anzunehmen, dass es sich um einen regelrechten Wilddieb handelte.«

»Eben! Und geschossen hat er auch auf Sie!«, erwiderte sie erregt.

»Ich hätte vorsichtiger sein müssen, dann wäre das

nicht passiert. Aber jetzt kann man nichts mehr daran ändern.«

»Der Kerl soll keine ruhige Stunde mehr haben!«

Der Förster lächelte grimmig. »Nun ja, vielleicht nagt der Wurm an seinem Gewissen. Nur hat man es sich etwas zu leicht gemacht, als man kurzerhand den Aniser verhaftete. Gewiss, der Fred ist ein Früchtchen, dem man jede Untat zutraut, aber in diesem Fall ist er unschuldig.«

»Wissen Sie das so bestimmt?«

»Ja, das weiß ich.«

Damit wollte der Förster dieses Thema beendet wissen. Er wandte sich an den Thomas und erkundigte sich nach dessen Eltern.

»Ich kann mich über meinen Posten als Förster von Daxen bestimmt nicht beklagen, aber wenn es einen Menschen gibt, den ich schon manchmal um seine uneingeschränkte Freiheit und um die herrliche Lage seines Hauses beneidet habe, dann ist es der Bauer vom Halderhof!«, gestand er mit einem wohlmeinenden Lächeln. »Jetzt noch die richtige junge Frau ins Haus, Thomas, und das Paradies auf Erden ist fertig!«

Thomas wurde ein wenig verlegen und warf einen Blick auf die Sali.

»Diese Frau ist gefunden«, sagte er dann etwas zögernd.

»Wirklich? Das freut mich aber!«

Thomas deutete auf das Mädchen. »Hier ist sie, die zukünftige Halderhoferin!«

Der Kranke schaute von einem Gesicht in das andere. Von dieser Überraschung musste er sich erst erholen. Dann aber zog sich sein Mund breiter und seine Augen fingen an zu strahlen. »Ist das wahr, Sali? Ihr beide?«

Das Mädchen nickte. »Ja, es ist so, wir beide wollen heiraten. Eigentlich sind wir heute deswegen zusammengekommen um es Ihnen zu erzählen.«

»Das ist ja herrlich! Komm her, lass dir von ganzem Herzen gratulieren! Ich freue mich wirklich sehr darüber, denn ihr beide gebt ein Paar, wie man es so schnell nicht mehr zusammenführen kann! Ich gratuliere auch dir, Thomas!«

Die Sali erzählte ihm nun, wie sie sich kennen gelernt hatten und wie dann alles gekommen war.

Der Förster lachte, dass ihm die Tränen in die Augen kamen. »Also auf eine solche Weise finden zwei Menschen fürs Leben zusammen: Zuerst ein Autounfall, wahrscheinlich darauf gleich eine heftige gegenseitige Beschuldigung – und dann schießt Amor seinen Pfeil ab! Vielleicht hat es mir gerade an einem solchen Auto gefehlt, dass ich nie an die richtige Frau herangekommen bin!«

Nun war plötzlich eine heitere Stimmung aufgekommen, die alle vergessen ließ, dass sie in einem Krankenhaus waren.

»Wann soll denn die Hochzeit sein?«, fragte der Förster.

»Wenn nichts mehr dazwischenkommt, im Frühjahr«, antwortete Thomas.

»Hoffentlich bin ich dann wieder gehfähig, denn da möchte ich dabei sein, wenn ich darf!«

»Sie zählen zu den Ehrengästen!«, rief das Mädchen.

»Danke! Und wenn ich an zwei Stöcken gehen müsste, aber das lasse ich mir nicht entgehen! Die Sali, meine liebe Zitherspielerin, Bäuerin vom Halderhof! Ich werde noch eine ganze Weile brauchen, bis ich es fassen kann!«

Er ergriff wieder ihre Hand und schaute sie ganz verliebt an. »Du kommst also zu uns nach Daxen! Da werde ich besser meine Gitarre bei euch einstellen, damit ich sie gleich bei der Hand habe, wenn wir musizieren wollen. Du hast doch nichts dagegen, Thomas?«

»Gewiss nicht, im Gegenteil, ich freue mich darauf!«

»Aber warum sagst du, wenn nichts dazwischenkommt? Was kann denn noch dazwischenkommen, wenn ihr beide euch schon einig seid?«

Thomas wurde ein wenig verlegen. »Nun, man sagt halt so, weil man nie weiß, was vor der Tür steht. Es könnte zum Beispiel einer verunglücken.«

»Ach so! Mit dem verdammten Autofahren ist man wirklich keinen Tag mehr seines Lebens sicher. Da hast du Recht. Aber daran wollen wir jetzt nicht denken! Die Eltern sind doch einverstanden?«

»Ja, sie sind einverstanden«, antworteten beide wie aus einem Mund.

Über Weihnachten kam der Förster heim, aber er war noch lange nicht richtig gesund und musste nach den Feiertagen noch einmal ins Krankenhaus zurück. Vorläufig konnte er sich nur mit zwei Stöcken mühsam fortbewegen. Das rechte Bein wollte ihm noch nicht gehorchen, er zog es ganz schwerfällig nach. Aber die Ärzte hatten ihm versichert, dass es sich mit der Zeit noch bessern würde, nur müsste er sich noch einer längeren Behandlung im Krankenhaus unterziehen.

So konnte er wenigstens Weihnachten und das Neujahrsfest daheim in seinem Forsthaus verbringen.

Unterdessen rüstete die Sonnenbergertochter ihre Hochzeit. Zwischen dem Halderhof und dem Haus des Alpmeisters ging über den ganzen Winter ein reger

Verkehr hin und her. Es mussten schon alle Wege verweht und verschüttet sein, wenn Thomas sich davon abhalten ließ, seine Braut zu besuchen.

Aber auch die Sali kam öfter auf Skiern angefahren. Sie hatte mit ihrem heiteren Wesen nicht nur die Herzen der alten Bauersleute gewonnen, sondern sich auch dem kleinen Poldi bald unentbehrlich gemacht. Der Bub wartete auf sie fast noch ungeduldiger als sein großer Bruder. Jedes Mal, wenn sie kam, wärmte sie ihre kalten Hände an seinen warmen Wangen, sie scherzte und spielte mit ihm, als wäre sie seinesgleichen. Das gefiel dem Poldi, denn sein großer Bruder hatte sich nie Zeit für ihn genommen.

Als man ihm sagte, dass die Sali bald ganz im Haus bleibe und die Stelle der Mutter einnehme, sprang er vor Freude in die Höhe.

Die Hochzeit sollte am Samstag gleich nach Ostern sein, so hatte man es festgelegt, nachdem die beiden Väter alle Bedingungen über Mitgift und Übergabe beschlossen hatten. Der unterschriebene Ehevertrag war bereits ausgefertigt und brauchte nur noch notariell beglaubigt werden.

Der Poldi zählte auf dem Kalender bereits die Tage nach, die bis zur Hochzeit noch abgeblättert werden mussten. Sobald die Witterung es zuließ, wollte man alles im und am Haus neu streichen lassen und die nötigen Reparaturen vornehmen, wie es sich gehörte, wenn eine junge Frau ins Haus kam. Auch das Altenteil musste hergerichtet werden, wo nun die alten Bauersleute ihren Lebensabend zubringen sollten.

Walser, der Forstgehilfe, war bei jedem Wetter, ob es stürmte oder schneite oder klirrender Frost glitzerte, im Revier. Es gab freilich Tage, an denen die Holzfäller nicht mehr bis zu ihren Arbeitsplätzen vordringen konnten. Aber auch dann stapfte der Walser über die schneeverwehten Wege um die Raufen und Näpfe an den Wildfütterungsplätzen aufzufüllen. Ein paar Holzfäller halfen ihm dabei, das Futter an die Stellen zu schleppen.

Obwohl der Förster ihm geraten hatte, seine Suche nach dem Wilderer einzustellen, solange es zu keinem weiteren Jagdfrevel käme, konnte der Walser nicht ganz darauf verzichten. Er konnte sich nicht damit abfinden, dass diese verdammungswürdige Tat ungesühnt bleiben sollte, bloß deswegen, weil der Missetäter nicht aufzuspüren war.

Er hatte überall seine Ohren, wenn er am Sonntagnachmittag das Dorfwirtshaus aufsuchte, wo sich fast alle Bauern versammelten. Er hatte auch seine Augen überall, wo er glaubte etwas erspähen zu können. Und immer wieder befasste er sich mit der einsamen Hütte des Hausierers, wenn er merkte, dass der Fred wieder im Ort war. Unbemerkt überwachte er ihn auf seinen oft recht verschlungenen Wegen.

Aber sie führten nie dorthin, wo er ihn gern gesehen hätte. Trotzdem ließ er in seinem Eifer nicht nach. Wenn der Fred auch selbst nicht geschossen hatte, wie der Förster behauptete, war noch lange nicht gesagt, dass er nichts davon wusste. Wilderer arbeiteten immer im Komplott; es gab Stehler und Hehler und vor allem Zwischenmänner und zu diesen hätte der Walser diesen Aniser Fred gern gezählt.

Seine Hoffnung war, dass er vielleicht doch einmal auf eine Spur käme, wenn er beharrlich weiter Augen und Ohren offen hielt. Sein Ehrgeiz ließ ihm keine Ruhe und er freute sich jetzt schon auf den Tag, an dem er dem Förster sagen konnte: Hier! Was habe ich immer behauptet? Beim Aniser Fred muss die Fahndung angesetzt werden!

Wie in jedem Jahr, wenn die ersten Frühlingsstürme heranbrausten, das Eis brachen und die ungeheuren Schneemassen zusammenschrumpfen ließen, sodass auf allen Wegen das Wasser stand, lebten auch heuer die Dörfler auf und warteten mit Sehnsucht auf das erste scheue Grün, das die Erde hervorbrachte. Wenn es auch noch manchmal zu Rückschlägen kam, die erneut Schnee und Frost brachten, hatte man jetzt doch das Gefühl, dass mit diesen Regungen der Natur neues Leben erwachte. Der Winter wich immer weiter zurück in die Hochregionen, wo er sich noch eine Weile festsetzen konnte, während man in den tieferen Lagen bereits das segensreiche Wirken des Frühlings erkennen konnte.

Dank ärztlicher Bemühungen und nicht zuletzt durch seine zähe Energie war der Förster so weit hergestellt, dass er aus dem Krankenhaus entlassen werden konnte. Allerdings musste er beim Gehen einen Stock benutzen, auf den er sich bei jedem Schritt stützte, denn sein rechtes Bein hatte nicht mehr die Kraft, seinen Dienst vollkommen auszuführen.

Aber das konnte den Förster nicht entmutigen; man konnte sich an alles gewöhnen. Er war sogar guter Dinge und nahm alsbald seinen Dienst wieder auf, wenn er auch am Anfang die weiten Wege seinen Forstgehilfen machen ließ.

Als er das erste Mal auf den Halderhof kam, wurde er freudig begrüßt. Es ging dort freilich gerade alles drunter und drüber, die Handwerker waren da, legten neue Böden, tünchten die Wände, schlugen neue Fensterläden an und bestrichen sie mit wetterfesten Farben.

An der Hausfront war bis zum Dach ein Gerüst aufgebaut.

Die Hochzeit stand vor der Tür und man wartete nur noch die Fastenzeit ab und darauf, dass die Osterglocken verklungen waren.

Da Ostern in diesem Jahr erst in die zweite Hälfte des Aprils fiel, sah auch die Natur schon recht festlich geschmückt aus, die Kirschbäume blühten, an den Zäunen und Hecken dufteten die Dolden des Holunders, über das Tal und hinauf an den Hängen der Berge breitete sich der saftige grüne Teppich des neuen Wachstums aus. An schönen Tagen schien die Sonne schon fast sommerlich warm auf die Erde nieder. Nur die Nächte waren noch kühl, dennoch sah man hier und dort am Abend schon die Leute auf ihren Hausbänkchen sitzen.

Man konnte mit einem schönen Osterfest rechnen.

In der Karwoche geschah es dann, dass der Hausierer Aniser durch einen Schlaganfall über Nacht starb. Kurz zuvor war er noch mit seiner Kraxe über Land gezogen und hatte den Leuten seine neuesten Waren zum Kauf angeboten. Da er erst spät am Abend in seine Hütte heimkehrte, hatte niemand gesehen, dass er sich nur noch mühsam dahinschleppen konnte. Der Fred kam am nächsten Tag heim und fand den Vater tot und steif neben dem Sofa auf dem Boden liegen.

Es war vielleicht das erste Mal, dass der Fred etwas wie Furcht oder Schrecken verspürte. Schaudernd hob er den Toten vom Boden auf und legte ihn auf das Kanapee, schaute in das wachsgelbe Gesicht und in die starren Augen, die ihm bei jedem Schritt, den er zurückwich, zu folgen schienen, als blickten sie noch einmal voll Verachtung und Verbitterung zurück auf das elende Leben in dieser Welt.

Es war für den Fred eine unerträgliche Situation. Nicht, dass ihn etwa die Reue ankäme, dem Toten das Leben noch schwerer gemacht zu haben, als es ohnedies schon war, sondern es war allein die Empfindung, nichts ahnend und geradezu boshaft überrumpelt worden zu sein, als hätte der Alte damit seine wiederholte Drohung wahr gemacht: »Du wirst noch oft aus dem Blechnapf fressen, wenn ich einmal nicht mehr bin! Aber du hast es nicht anders gewollt, darum soll es mich freuen!«

Eine blödsinnige Drohung, hingesprochen im Ärger, wenn der Vater gerade wieder etwas an ihm auszusetzen hatte!

Er streifte mit einem Blick wieder das Gesicht des Toten. »Du hast es ja auch zu nichts gebracht, Alter! Kann man dich überhaupt würdig begraben lassen?«

Sein Blick fiel auf die Kraxe, die in der Ecke des Stübchens stand. Sie war schwer, als er sie auf den Tisch hob und vom Regenschutz befreite. Sie war voll gestopft mit allerlei Dingen für den Haushalt, aber es war auch viel wertloser Tand darunter. Ein großer Teil der Kraxe war angefüllt mit Meterwaren von Stoffen, Vorhängen und kleineren Wollsachen, alles fest gebündelt und verschnürt, ein Durcheinander von einem Krämerladen. Sogar kleinere Werkszeuge für den täglichen Gebrauch trug der Alte in seiner Kraxe mit.

Aber für die Waren hatte der Fred jetzt kein Auge, sein Interesse galt der kleinen Geldkassette, die der Vater ständig bei sich trug.

Den Schlüssel zu dieser Kassette fand er in der Jacke des Vaters. Sie hing über der Stuhllehne, wie er sie bei seiner Heimkehr abgelegt hatte. Es kam kein Reichtum ans Tageslicht, aber immerhin fand er darin einige größere Geldscheine und noch Münzgeld. Für eine bescheidene Beerdigung reicht das, bei einiger Sparsamkeit blieb vielleicht sogar noch etwas übrig.

Der Fred nahm das ganze Geld an sich, verschloss die Kraxe und stellte sie wieder in die Ecke. Sein Blick streifte das wächserne Gesicht des Toten, dessen Augen immer noch starr auf ihn gerichtet waren. Um den Mund lag ein spöttischer Zug.

Da hielt es der Fred nicht länger aus und verließ das Haus. Er lief dem Dorf zu und nahm seinen Weg zum Armenhaus, um die Hütter Barb von dem Todesfall zu verständigen. Die alte Barb klärte ihn zunächst einmal darüber auf, was er zu tun hatte: Den Arzt zu rufen, damit der den Totenschein ausstelle, dann den Tod beim Standesamt beurkunden zu lassen und schließlich im Pfarramt den Beerdigungstermin festzulegen.

Die Hütter Barb machte sich auf den Weg zu dem alten Haus hinter der Sandgrube um den toten Hausierer aufzubahren und ein paar brennende Kerzen aufzustellen. Auf dem Weg dorthin begegnete sie einzelnen Dörflern, denen sie vom überraschenden Ableben des Hausierers Bescheid sagte. So kam es, dass bald das ganze Dorf davon wusste. Man brauchte also nicht mehr lange herumzufragen und herumzuraten, als später vom Turm der Kirche die Totenglocke läutete.

Ein schöner, warmer Frühlingstag neigte sich seinem Ende zu. Über den ganzen Himmelsbogen leuchtete noch eine lange Zeit die Abendröte, als die Sonne längst hinter dem Bergkranz versunken war. Schwarz und scharf waren die Konturen, umbrandet von diesem leuchtenden Rot des letzten Lichts, das bis in die tiefsten Winkel des Tales ausstrahlte und den stillen Bergsee in flüssiges Gold zu verwandeln schien.

Die Ursel befand sich auf dem Weg ins Dorf. Sie

hatte morgen wieder ihren freien Tag, den sie noch nicht anders zu verbringen wusste, als zur Großmutter in das Armenhaus heimzukehren, wenn das auch nicht gerade nach ihrem Geschmack war, denn allmählich empfand sie das Armenhausmilieu doch nicht mehr als so recht passend für ihre Ansprüche. Aber sie konnte bei der Großmutter wenigstens ausschlafen, nachdem sie eine ganze Woche hindurch nie vor Mitternacht ins Bett gekommen war.

Auf das Dorf senkten sich bereits die ersten Nachtschatten nieder, als sie dort ankam. Trotzdem standen hier und dort noch Menschen vor den Häusern. Es war ein lauer Abend, wo man gern noch ein wenig im Freien war.

Sie begegnete einer Gruppe von jungen Burschen, die ihr den Weg versperrten. Sofort ging die Neckerei los:

»Kommst wohl vom Schatz, Ursel?«

Sie war um die Antwort nicht verlegen. »Was denn sonst?«

»Getraut er sich nicht herein ins Dorf, weil er dich so allein gehen lässt?«

»Vor euch würde er sich kaum fürchten!«

»Meinst? Ich hätt aber gern mit ihm angebandelt.«

»Probier's lieber nicht; es könnt unschön für dich werden!«, antwortete sie keck, durchbrach die Sperre und ging weiter. Hinter ihr erscholl das Lachen der Burschen.

Es war nicht das erste Mal, dass sie die Wohnungstür der Großmutter versperrt fand. Schon öfters war sie nicht daheim gewesen, wenn sie gerade in irgendeinem Haus die Totenwache hielt. Gewöhnlich steckte dann ein Zettel im Türspalt, auf dem sie ihrer Enkelin mitteilte, dass sie in dieser Nacht nicht heimkomme, weil sie im Trauerhaus bleiben müsste. Wenn sie etwas essen oder trinken wolle, fände sie alles in der Speisekammer. Das war ein kleiner, übel riechender Raum gleich neben der Küche.

Diesmal schien sie den Zettel vergessen zu haben, wenigstens war keiner zu finden. Aber der Schüssel zur Wohnung lag unter dem Fußabstreifer vor der Tür.

Die Ursel sperrte auf und ging hinein. Wie immer, riss sie zunächst das Fenster auf um frische Luft hereinzulassen. Auch in der Wohnung war kein Zettel zu entdecken.

Als sie dann auf dem Gang die schlurfenden Schritte des Flurnachbars hörte, ging sie hinaus. Es war der alte Striebel, ein notorischer Säufer, der immer nach dem widerlichen Fusel roch, den er selbst ansetzte. Das Auffallendste an ihm waren die spöttischen kleinen Augen, der schmutzig-weiße Bart um den fast zahnlosen Mund und die große blaue Pflaumennase. Die Ursel konnte sich nicht erinnern, dass er einmal anders ausgesehen hätte.

»Weißt du, wo die Großmutter ist, Striebel?«
»Wahrscheinlich beim Aniser«, brummelte er.
»Beim Aniser?«, wunderte sie sich. »Was ist dort?«
»Der ist doch in der vergangenen Nacht gestorben.«
»Das weiß ich noch nicht.«

Der Alte ging weiter und verschwand hinter der Tür seiner Wohnung.

Die Ursel überlegte und entschloss sich dann, zur Großmutter zu gehen.

Düster und fast unheimlich schaute das brüchige Haus hinter dem kahlen Hügel hervor, in dem die Bewohner von Daxen im Laufe der Jahrzehnte eine tiefe Sandgrube ausgehoben hatten. Hier konnte jeder sich

Sand holen, wenn er einen Neubau ausführen wollte oder an seinem Haus etwas ausbessern.

Durch eines der Fenster an dem düsteren grauen Haus schimmerte trübe flackernd der Schein einer Kerze hervor, alles andere war schwarz und blind. Die Tür stand offen und auf dem Hausbänkchen daneben saß die alte Hütter Barb.

Die Ursel ging auf sie zu und setzte sich zu ihr.

»Der Striebel hat mir gesagt, wo ich dich finde«, sagte sie.

»Ist denn etwas Besonderes los, dass du diesen Weg noch machst?«

»Los ist eigentlich nichts, aber was soll ich denn allein anfangen? Was hat dem Aniser gefehlt, dass er so plötzlich starb?«

»Herzlähmung. So steht es wenigstens im Totenschein. Der Fred hat ihn am Morgen gefunden, er lag in der Stube auf dem Boden.«

Die Ursel erschauerte.

»Bist du ganz allein?«, fragte sie und schaute um sich.

»Im Augenblick schon, aber der Fred kommt sicher bald heim. Er hatte nur noch etwas zu erledigen und könnte längst wieder da sein. Willst du den Toten anschauen? Wir haben ihn in der Stube aufgebahrt.«

»Nein, Großmutter, vielleicht würde ich mich dann in der Nacht fürchten!«, lehnte die Ursel ab.

Die Alte lächelte. »Die Toten brauchst du nicht zu fürchten, die tun dir nichts. Es sind immer die Lebendigen, die einem Übles zufügen!«

»Da hast du Recht, Großmutter!«, seufzte die Ursel.

Die Alte drehte ihr Gesicht zu ihr herum und musterte sie. »Ist etwas mit dir?«

»Nein, gar nichts.«

»Ich glaube dir nicht recht! In letzter Zeit kommt es mir vor, als ließest du den Kopf hängen!«

»Da täuschst du dich, Großmutter!«

»Lass dich bloß nie in zweifelhafte Geschichten ein! Du bist hübsch und da kann es leicht sein, dass dir der eine und andere nachläuft! Aber heiraten tut dich keiner von hier!«

»Ich bin auch nicht scharf darauf!«

»Man verliebt sich schneller, als du denkst! Und dann ist das Unglück fertig!«

Solche Lehren hörte die Ursel öfter von der Großmutter. Ihr Blick lag jetzt auf dem klaren Nachthimmel und überflog die Sterne, die in immer größerer Anzahl aufleuchteten, er folgte einer Sternschnuppe, die glühend über den Himmelsbogen herabstürzte und in halber Höhe erlosch. Es war wie das Aufblitzen eines bösen Wunsches, der gedankenschnell den Gesichtskreis durchkreuzte.

Und gerade in diesem Augenblick sagte die Alte: »Es soll eine ganz große Bauernhochzeit geben, wenn nun der Thomas heiratet.«

»So?«

»Es sollen so viel Gäste geladen sein, dass der Saal des Dorfwirtshauses sie kaum aufnehmen kann. Es sind eben reiche Leute, sowohl der Halderhofer als auch der Alpmeister drüben in Schlehen. Geld kommt immer wieder zu Geld. Die Armen sind nicht dabei. So ist die Welt und sie wird sich nie ändern. Da drin liegt der tote Aniser, bis jetzt hat sich kein Mensch darum gekümmert. Nur der Doktor war da, weil er dafür bezahlt wird. Aber zum Halderhof gehen die Leute, um das Brautbett zu besichtigen. Wenn es ginge, hätte man den Tod längst den Armen zugeschoben, deren Leben nichts wert ist. Nur lässt sich daran nichts ändern. Gott sei Dank! Der Reiche liegt genauso stumm und armselig da wie der Arme!«

Die Ursel schwieg, sie hörte kaum zu. Ihre Gedanken waren bei Thomas. Sie musste ihn wahrhaftig geliebt haben, sonst müsste es ihr doch gleichgültig sein, was aus ihm wurde. Sie konnte ihn nicht einmal hassen, denn er konnte ja nichts dafür, dass sie im Armenhaus aufgewachsen war. Es war genauso ihre Schuld wie seine, dass es so weit gekommen war. Nun heiratete er eine andere, die reich war und zu ihm passte. Sie musste auf eine gleiche Art die Konsequenz ziehen und einen Mann heiraten, der zu ihr passte.

Der böse Wunsch, der hin und wieder in ihre Gedanken kam, durfte nicht Platz greifen, denn sie hatte nichts davon, wenn er unglücklich würde.

»Ich gehe jetzt heim, Großmutter«, sagte sie plötzlich und erhob sich. Die Luft wurde kühl und ihr war plötzlich sehr kalt.

»Du kannst dich ausschlafen, solange du willst«, sagte die Alte. »Ich komme wahrscheinlich erst gegen Mittag heim, weil nach der Beerdigung noch manches zu erledigen ist.«

Es näherten sich dem Haus jetzt Schritte. Der Fred kam zurück. Er trug seinen besten Anzug, aber sein Haar hing ihm wild in die Stirn, als wäre ein Windstoß darüber gegangen.

»Das ist ja die Ursel!«, rief er erfreut. »Wie lange haben wir uns wohl nicht mehr gesehen?«

Er streckte ihr die Hand hin.

Sie sagte ihm ein paar Worte des Beileids, wofür er mit einem stummen Nicken dankte.

»Ein bisschen schnell hat er zusammengepackt, der Vater, eigentlich ein leichter Tod«, sagte er und ließ sie nicht mehr aus den Augen. »Dich habe ich schon eine

Ewigkeit nicht mehr gesehen, Ursel, und jetzt kann ich bloß staunen!«

»Worüber?«

»Was aus dir geworden ist! Oft schon wollt ich im Seecafé einkehren, aber ich weiß nicht, ob unsereiner dort Zutritt hat.«

»Warum nicht? Es ist ein öffentliches Lokal, das jeder betreten kann, wenn er sich anständig aufführt«, antwortete sie.

»Ich fürchte, dass ich etwas versäumt hab!«

»Wieso?«

Er antwortete nicht und schaute sie nur bewundernd an.

»Aber jetzt muss ich gehen!«, erinnerte sie sich.

Die alte Barb trug ihr noch einiges auf und erklärte ihr, wo sie das Essen fände, falls sie noch Hunger bekäme.

»Du hast doch wohl nichts dagegen, wenn ich dich ein Stück begleite?«, erbot sich der Fred. »Es ist so finster.«

»Mir tut niemand etwas!«, meinte sie.

»Sag das nicht! Es reicht schon, wenn du von irgendeinem Schnösel belästigt würdest!«

Sie konnte nicht verhindern, dass er sie ins Dorf zurückbegleitete.

»Was wirst du jetzt tun, nachdem dein Vater nicht mehr lebt?«, fragte sie, nachdem sie eine Weile schweigend nebeneinanderher gegangen waren.

»Darüber habe ich mir noch nicht den Kopf zerbrochen. Vielleicht übernehme ich sogar das Geschäft meines Vaters. Er hat gar nicht so schlecht verdient, wie die Leute allgemein glaubten. Es ist ein schönes Barvermögen da. Zunächst werde ich einmal das Haus besser herrichten. Ich denke auch an Vertretungen, die ich übernehmen könnte. Das Geld liegt auf der Straße, wenn einer etwas davon versteht. Mein Vater war ein alter Mann, der lieber seine schwere Kraxe herumschleppte und für das bisschen, das er verdiente, dankbar war. Ich stelle das anders an und werde bald das große Rennen machen!«

»Du bist recht optimistisch!«, meinte sie.

»O nein, ich habe ganz feste Vorstellungen von meiner Zukunft. Und du? Wie lange wirst du noch den Leuten den Pudel machen?«

»Mir gefällt es sehr gut!«

»Hast schon einen Schatz?«

»Darüber spreche ich nicht gern.«

»Hast auch Recht, es geht niemanden etwas an. Ich frage nur, weil ich fürchte, dass ich dich nicht mehr aus dem Kopf bringe!«

Sie lachte. »Du hast aber seltsame Sorgen für jemanden, dem gerade der Vater gestorben ist! Oder hast du die Trauer schon überwunden?«

»Trauer? Was haben die Toten von unserer Trauer? Man braucht ja nur hineinzuschauen in das Leben: Morgen ist die Beerdigung meines Vaters, ein paar Tage später feiert der Halderhofer seine Hochzeit. So gehen Trauer und Freude nebeneinanderher. Aber die Welt gehört uns Lebenden.«

Die Dorfstraße war jetzt leer. Aus den Fenstern der Häuser schimmerte Licht. Hier und dort schlug ein Hund an, wenn ihre Schritte über die dunklen Höfe hallten.

»Hoffentlich trauerst du ihm nicht nach!«, sagte er unvermittelt.

»Wem? Deinem Vater? Ich hab ihn kaum gekannt.«

Er schüttelte den Kopf. »Ich meine dem Thomas, wenn er jetzt heiratet.«

»Warum soll ich ihm nachtrauern?«, fragte sie möglichst gleichgültig.

»Du warst doch einmal seine Geliebte?«

»Geliebte ist zu viel gesagt! Außerdem bin ich ja nicht so hirnvernagelt, dass ich mir eingebildet hätte, ich könnte einmal Bäuerin vom Halderhof werden!«

Sie kamen jetzt an den Bach, über dem eine Nebeldecke schwebte. Ein schmaler Steg führte hinüber zu dem dunklen, düsteren Armenhaus.

»Ich dank dir schön für die Begleitung, Fred!«, sagte sie und wollte den Steg betreten.

Er griff nach ihrer Hand und hielt sie zurück.

»Was ist mit uns beiden, Ursel?«

Sie schaute in seine flackernden Augen. »Mit uns? Was soll mit uns sein?«, fragte sie kühl.

»Wir beide würden zusammenpassen. Meinst du nicht? Ich habe ein ganz schönes Geld in Aussicht; wir könnten uns ein herrliches Leben machen!«

»Bring erst einmal deinen Vater ordentlich unter den Rasen! Später magst du dann an deine Zukunft denken!«

»Und an dich, worauf du dich verlassen kannst!«

Sie machte sich frei. »Gute Nacht!«, sagte sie und lief über den Steg. Ihre Gestalt wurde vom Nebel verschluckt.

Es drängte ihn unwiderstehlich, ihr zu folgen, aber er zögerte zu lange. Da hörte er, wie am Haus die Tür aufgesperrt wurde und dann laut ins Schloss fiel. In einem der unteren Fenster ging Licht an.

Am Vortag des Hochzeitstages erschien das Brautpaar in Begleitung der beiden Väter vor dem Bürgermeister, der die standesamtliche Trauung vollzog. Der alte Halder und der Brautvater waren die Trauzeugen.

Als sie nach der Trauung das Gemeindeamt verließen und auf die Straße traten, krachten in den umliegenden Gehöften die Ehrenschüsse für das neu getraute Paar. Damit wurde zugleich die große Bauernhochzeit eingeleitet. Obwohl die Sali darauf vorbereitet war, schrak sie doch zusammen, als plötzlich die Böllerei losging. Thomas fing sie lachend in seinen Armen auf.

»Siehst du, mit welchen Ehren du in Daxen empfangen wirst!«, sagte er.

»Gilt das mir?«, fragte sie.

»Natürlich! Du bist die schönste Braut, die man seit Jahren hier gesehen hat!«

Darauf gab es im Halderhof einen fröhlichen Polterabend und erst spät in der Nacht fuhr die Sali mit ihren Angehörigen heim nach Schlehen, um ein letztes Mal im Elternhaus zu schlafen.

Der folgende Tag wurde zu einem großen Fest, nicht nur für die Beteiligten selbst, sondern für das ganze Dorf, das aus dieser Hochzeit einen regelrechten Feiertag machte. Die Kirche war gedrückt voll, als das Brautpaar vor dem Altar stand. Festlicher Orgelklang und Chorgesang begleiteten die Trauung.

In dem mit Girlanden geschmückten Saal des Wirtshauses stand alles bereit für das Festmahl, an dem eine überaus große Anzahl geladener Gäste teilnahm. An der mit Blumen geschmückten Ehrentafel sah man neben dem Hochzeitspaar und den nächsten Verwandten auch den Ortsgeistlichen, dann den Bürgermeister, den Förster und einige weitere Dorfhonoratioren. Eine Musikkapelle sorgte für fröhliche Stimmung.

Der eigentliche Trubel aber setzte erst gegen Abend ein, als der Tanz begann. Da war der Saal auf einmal voll von jungen Menschen und von Stunde zu Stunde wurde es lebendiger und lauter.

Als Thomas seine Braut zum Ehrentanz führte, gab es lauten Jubel; das junge Volk umstand die Tanzfläche, klatschte den Takt der Musik mit und zollte dem Paar Beifall.

Selbst die Neider mussten eingestehen, dass es schon lange kein so schönes Brautpaar mehr gegeben hatte. Er, ein stämmiger, kerniger Naturbursche mit sonnengebräuntem, markant gezeichnetem Gesicht, aus dem die weißen Zähne blitzten, wenn er lachend den Mund öffnete. Sie, fast so groß wie er, schlank, blond, hübsch.

Die beiden tanzten, als hätten sie es wochenlang geübt.

Das Gesicht der Sali glühte und strahlte vor Übermut und Freude.

Als der Tanz zu Ende war, führte Thomas seine Braut zurück auf ihren Platz.

»Hast du's gehört?«, flüsterte er ihr zu. »Sie sagen, du bist die schönste Braut, die es je in Daxen gegeben hat!«

Sie hatte es gehört.

»Ich bin sehr stolz auf dich, Sali!«

»Du brauchst nicht stolz zu sein, aber glücklich sollst du sein, so wie ich!«, antwortete sie.

Der alte Halderhofer hatte einen roten Kopf und seine Krawatte war verrutscht. Er trank mit dem Alpmeister um die Wette. Aber der Alpmeister vertrug mehr von dem starken Wein.

Die Ermahnungen der alten Halderhoferin blieben ungehört.

Der kleine Poldi durfte neben der Sali sitzen. Sie kümmerte sich darum, dass er genug zu essen bekam von all den guten Sachen, die es heute gab. Ihr hatte er es auch zu verdanken, dass er so lange dableiben durfte, denn Thomas wollte ihn ein paar Mal schon nach Hause fahren.

»Der kleine Kerl muss jetzt ins Bett!«, sagte er.

»Ach, lass ihn doch noch ein wenig da!«, widersprach die Sali und legte den Arm um den Buben, der zu ihr wie zu einer guten Fee aufschaute, auf deren Schutz er vertraute.

Der erste, der aufbrach, war der Pfarrer. Er verabschiedete sich von der Tischrunde und wurde von Thomas hinausbegleitet, wie es sich gehörte. Frisch und kühl schlug ihnen die Luft entgegen, als sie auf die Straße hinaustraten.

Thomas dankte dem geistlichen Herrn für seine Teilnahme an dem Fest, auch der Pfarrer dankte für die Einladung und gab seiner Überzeugung Ausdruck, dass er in dieser Alpmeistertochter eine brave Bäuerin für den Halderhof bekommen hätte.

Thomas kehrte nicht gleich in den Festsaal zurück. Er blieb noch eine Weile stehen, atmete in vollen Zügen die frische Luft ein und erholte sich ein wenig von dem lauten Trubel im überfüllten Saal.

Der Himmel war klar und voller Sterne. Der leichte Wind trug den Duft von Blüten und Wachstum heran. Man spürte die Nähe des Sommers.

Jetzt war er Bauer vom Halderhof. Auf ihm lastete nun alle Verantwortung. Aber ihm zur Seite stand eine tüchtige Bäuerin.

Seine Sali, die er so sehr liebte! Es musste alles gut werden!

Er hörte die Musik und das Johlen vom Festsaal her. Pausenlos wurde getanzt und man merkte bereits, dass die Instrumente nicht mehr so recht stimmten.

Er strich sich übers Haar und wandte sich um. Er wollte in den Saal zurückkehren und jetzt seinen kleinen Bruder heimfahren.

Da stand wie aus dem Boden geschossen der Fred vor ihm und streckte ihm mit einem Grinsen die Hand hin, die Thomas zögernd ergriff; es versteckte sich etwas hinter dieser Freundlichkeit, was sofort Misstrauen in ihm weckte.

»Was ist, Fred?«, fragte er. »Du bist auch da? Ich hab dich noch gar nicht gesehen.«

»Ich wollte dir nur gratulieren«, erwiderte der Fred. »Mit deiner Bäuerin kannst dich wahrlich sehen lassen! Donnerwetter! Das ist ein Fang!«

»Dank schön für dein Kompliment, Fred!«

Thomas wollte weitergehen.

»Einen Moment noch, Thomas!«

»Was ist noch?«

»Es wär da noch eine Kleinigkeit zwischen uns zu besprechen, unter vier Augen, meine ich.«

»Ich kann mir nicht denken, was es zwischen uns zu besprechen gäbe.«

»Wirklich nicht?«, lauerte der Fred. »Ich erinnere dich nur an eine kleine Geschichte, obwohl du sie ebenso wenig vergessen haben kannst wie ich, schon deshalb nicht, weil sie noch gar nicht zu Ende ist.«

»Ich weiß nicht, wovon du redest. Wenn damit eine Liebesgeschichte gemeint ist, dann bin ich bestimmt nicht der einzige Hochzeiter, der zuvor mit einem anderen Mädchen etwas gehabt hätte. Aber das ist jetzt endgültig vorbei.«

Der Fred lachte. »Darüber brauchst du dir auch keine Gedanken zu machen, Thomas! Ich meine etwas ganz anderes. Vielleicht erinnerst du dich wenigstens daran, dass man mich ganz schön in die Tretmühle der

Polizei genommen hat nach dem Anschlag auf den Förster. Es gibt Leute, die immer noch daran glauben, dass ich es gewesen bin, der den Förster niedergeschossen hat. Wem anderes könnte man eine solche Tat auch zutrauen!«

»Ich gehöre nicht zu diesen Leuten, Fred.«

»Natürlich nicht, weil du genau weißt, dass ich es nicht war. Respekt vor dem Förster! Ihm habe ich es eigentlich zu danken, dass sie mich wieder laufen ließen. Freilich, ich hätte ja nur mein Maul aufzumachen brauchen, aber ich bin kein Schuft und hänge keinen anderen hin.«

Thomas biss die Zähne zusammen. Sein Gesicht veränderte sich.

»Worauf spielst du an, Fred?«, fragte er dann. »Soll das vielleicht heißen, dass du den Wildschützen kennst?«

»Ich stand nicht weit von ihm entfernt, als er seinen Stutzen in das Drachenloch warf. Ich wusste in diesem Augenblick noch nicht, warum er es tat, aber ich ahnte es, denn ich hatte zuvor die Schüsse gehört, als ich von der Rossgalt auf dem Weg ins Tal war. Außerdem habe ich es seinem Gesicht angesehen, dass er mit seinem Gewissen in Unfrieden war; die Augenbinde, die er getragen hat, warf er hinter dem Stutzen drein, hinab ins Drachenloch. ich konnte ihn also genau erkennen.«

»Und?«

»Eben darüber wollte ich mit dir reden!«

Thomas bebte. »Ich habe keine Zeit, Fred, denn ich muss jetzt hinein, sonst sucht man noch nach mir!«

»Freilich, ich sehe das ein. Besuche mich bald in meinem Haus!«

»Wozu?«

»Damit wir in Ruhe über alles sprechen können.«

»Und darauf hast du bis heute gewartet?«

»Du bist jetzt der Bauer vom Halderhof; das ist eine viel bessere Basis. Eine Gefälligkeit ist eine andere wert.«

Die Augen Thomas' fingen an zu blitzen. »Bist du ein Erpresser?«

»Wenn man für eine kameradschaftliche Hilfeleistung eine kleine Anerkennung sehen möchte, ist man da schon gleich ein Erpresser?« erwiderte der Fred. »Ich hätte der Polizei gleich sagen können – vielleicht hätte ich es sogar tun müssen! –, was ich in jener Nacht gesehen habe. Aber dann stündest du jetzt nicht als Hochzeiter vor mir! Ich bezweifle sogar, dass dein Vater dir jemals den Hof übergeben hätte.«

»Ich verstehe dich, Fred. Aber so können wir nicht verhandeln!«

»Gut, dann erwarte ich deinen Gegenvorschlag. Du kannst mich jeden Abend daheim antreffen.«

»Und wenn ich nicht komme?«

»Dann muss ich mein Maul auftun. Ich lasse dir eine Woche Zeit. Außerdem möchte ich dir sagen, dass du dir auch wegen der Hütter Ursel keine Sorgen mehr zu machen brauchst, sie hat mich zu deinem Nachfolger bestimmt. Vielleicht heirate ich sie sogar einmal, wenn sie das will, denn ich habe nicht die Einwilligung meiner Sippe zuvor einzuholen.«

Thomas ließ ihn stehen und ging in den Saal zurück.

Die große Stube im Halderhof war heller und lichter geworden; die Decke war frisch geweißt, die Wandtäfelung abgezogen worden. Auch brachte die neue Lampe viel mehr Helligkeit in die Stube. Eigentlich war aber kaum eine Veränderung festzustellen, bis auf ein paar neue Möbel, die die Braut mitgebracht hatte.

Der Charakter der Bauernstube war gewahrt worden. Im Herrgottswinkel wucherte nach wie vor der dichte Efeu und vom Mittelbalken der Decke hingen die Triebe eines fülligen Asparagusstocks.

Thomas ließ sich auf das Kanapee nieder und streckte wohlig die Füße von sich. Nach dem Trubel und Lärm des Festes sehnte er sich nach Ruhe. Es war ein anstrengender Tag gewesen. Die Sali war noch in der Schlafstube um den Brautkranz und das Festkleid abzulegen und in ihr einfaches Hauskleid zu schlüpfen. Darauf schaute sie noch in die Kammer des kleinen Poldi, aber der lag bereits in tiefem Schlaf.

Die alten Bauersleute hatten sich gleich nach der Heimkehr in ihr Altenteil zurückgezogen. Aus dem geöffneten Fenster warf das Licht einen hellen Streifen über die nachtschwarze Erde und hinein in die alten Bäume. Sie hörte die Bäuerin schimpfen, denn der Bauer hatte einen ganz schönen Rausch heimgetragen. Er beantwortete die Strafrede mit einem friedlichen Lachen.

Auch die Sali musste über diesen Streit der beiden Alten lächeln.

Als sie in die Stube zurückkehrte, saß Thomas immer noch auf dem Kanapee und sinnierte vor sich hin. Sie setzte sich zu ihm und strich über sein zerwühltes Haar.

»Was ist denn? Bist du verstimmt?«, fragte sie besorgt.

»Ich? Nein.«

»Es ist mir ja schon im Wirtshaus aufgefallen, dass du plötzlich keinen Humor mehr hattest und ganz schweigsam dagesessen bist. Ist etwas nicht in Ordnung?«

»Es ist alles in Ordnung, Sali! Ich bin bloß müd.«

Sie glaubte ihm nicht recht und beobachtete ihn. »Es hat dich doch nicht geärgert, weil ich mich so viel mit dem Förster unterhalten habe?«

»Unsinn! Du kannst dich doch unterhalten, mit wem du willst, Sali!«

Sie lächelte ihn an. »Es soll Männer geben, die sehr rasch eifersüchtig werden!«

»Ich glaube aber, das die Frauen da nicht hinter den Männern zurückstehen!«, scherzte er. Endlich lachte er wieder. Er legte den Arm um sie und zog sie fest an sich. »Wie gut tut jetzt die Stille nach diesem lauten Tag, an dem man fast das Wichtigste vergessen hat, nämlich, dass wir jetzt Mann und Frau geworden sind! Jetzt aber sind wir allein und dürfen uns endlich gehören! Was kann es Schöneres geben! Und so begrüße ich dich jetzt als meine Bäuerin vom Halderhof, Sali!«

Er nahm ihren Kopf in seine Hände und küsste sie auf den Mund. Sie erwiderte seine Zärtlichkeit.

»Es hat uns heute« gar mancher beneidet«, fuhr er fort. »Das ist immer so, wenn zwei Menschen sich finden im Glück und Wohlstand. Man hat mich beneidet um meine schöne Braut!«

»Du darfst mir nicht schmeicheln, Thomas, denn das steht dir gar nicht an! Ich könnte doch das Gleiche sagen: Es gibt keinen Burschen landauf und landab, der so gut aussieht wie du! Du wirst mein Bauer sein, den ich vom ersten Augenblick an liebte, nicht, weil er der Erbe des schönen Berghofes ist. Mit dir wäre ich auch in die elendste Hütte gezogen. Ich werde dir immer vertrauen, was auch kommen mag!«

Er atmete herb auf. »Ich danke dir, Sali!«

Sie stand auf und warf einen Blick auf die Uhr. »Wollen wir hier warten, bis der Tag anbricht?«, fragte sie lachend.

Wenig später erlosch auch das letzte Licht im Haus. Der Halderhof lag jetzt dunkel und still, nur in den alten Bäumen rauschte leise der Wind.

Der Aniser Fred hatte angeblich Haus und Geschäft seines Vaters übernommen, angeblich, denn wenn man ihn sah, schleppte er nicht die schwere Kraxe auf dem Rücken wie sein Vater, und dennoch schien er eine gut gehende Handelschaft zu betreiben, bei der er recht gut verdiente. Er kam jetzt immer flott und sauber gekleidet daher, sah gut genährt aus und konnte sogar noch einiges für das alte Haus hinter der Sandgrube verwenden, das er nach und nach wenigstens nach außen hin recht ansehnlich herrichten ließ.

Man staunte ein wenig darüber, kümmerte sich aber nicht weiter darum, denn mit dem Sommer kam für die Bauern die schwere Arbeit. Die Hauptsache war, dass man keine Kosten und Scherereien mit dem jungen Aniser hatte. Mochte er sein Geld verdienen, wie und wo er wollte.

Man konnte ihn jetzt auch häufig mit der schwarzhaarigen Ursel zusammen sehen. Wenn sie am Vorabend ihres freien Tages vom See heraufkam, war er meistens in ihrer Begleitung. Er betrat mit ihr das Armenhaus und blieb bei ihr und der alten Hütter Barb bis in die späte Nacht hinein.

Beide, sowohl der Fred als auch die Ursel, kümmerten sich keinen Deut um die Leute, die bereits darüber zu reden begannen. Sie mussten ja niemanden fragen und die Großmutter der Ursel schien nichts dagegen einzuwenden zu haben.

So verging der Sommer. Der Aniser und die Ursel galten bereits als ein festes Paar, das über kurz oder lang sich die Hand zum ewigen Bund reichen würde.

Auch dagegen war nichts zu sagen. Beide kamen aus Verhältnissen, die sich hinsichtlich ihrer Abseitigkeit sehr ähnelten. Wer anders als der Fred konnte ein Mädchen heiraten, das aus dem Armenhaus kam! Andererseits stand auch dem Fred kein Mädchen aus angesehenem Haus zu, auch wenn er sich noch so neureich benahm und mit großsprecherischen Geschäftserfolgen um sich warf. Er war ein Taugenichts und blieb es.

Nun brauchte man sich wenigstens keine Sorgen mehr zu machen, dass am Ende doch noch einmal ein anständiger Bursche sein Herz an die verführerische Ursel verlor.

Die Kunde von dieser Liebschaft zwischen dem Aniser Fred und der Hütter Ursel drang auch in den Halderhof und einmal regte beim Mittagstisch die Magd sich darüber auf, dass die Ursel oft sogar die Nacht im Haus an der Sandgrube verbrachte.

Thomas brachte sie mit ein paar zurechtweisenden Worten zum Schweigen, denn es saß der kleine Poldi mit am Tisch, der solche Sachen noch nicht zu hören brauchte.

»Wer ist denn diese Ursel, dass du dich gleich so aufregst, wenn von ihr die Rede ist?«, fragte die Sali ihren Mann, als sie allein waren.

»Ich rege mich nicht wegen dieser Ursel auf, sondern über die zweideutigen Witze, die gemacht werden. So klein ist unser Poldi nicht mehr, dass er sich nicht Gedanken darüber macht. Ich dulde keine solchen Reden am Tisch!«

Sie gab ihm Recht.

Er berichtete ihr kurz, von welchen Leuten die Ursel abstammte und dass sie im Seecafé als Kellnerin beschäftigt sei, und gestand, dass auch er sich beinahe in eine ernstere Sache mit ihr verstrickt hätte.

»Sie hatte viele Männerbekanntschaften. Für den Fred mag sie schon recht sein!«
Damit war die Sache erledigt.

Als die Ernte des Jahres eingeholt war und die ersten Herbststürme um das Haus bliesen, begann der Almabtrieb, denn auf den Höhen setzte der Nachtfrost ein. Nur auf der Rossgalt blieb noch das Jungvieh.

In diesen Tagen war Thomas in das entfernte Hölltal gefahren, um den Trollwald zu besichtigen, den die Sali als Heiratsgut mitbekommen hatte. Man hatte also wieder einen eigenen Wald, den man bewirtschaften konnte. Bis jetzt musste das Brenn- und Bauholz von fremden Waldbesitzern bezogen werden.

Auch davon abgesehen, zu einem Berghof gehörte ganz einfach eine eigene Waldwirtschaft. Thomas hatte es nie verstanden, dass sein Vater sich nicht darum gekümmert hatte.

Er kam erst spät in der Nacht zurück und war von dieser Besichtigungsfahrt hellauf begeistert. Der Trollwald hatte ein Ausmaß von etwa fünfzig Tagwerk und bestand aus gesundem Hoch- und Niederholz. Musterhaft angelegte Schonungen sorgten für den Nachwuchs. Auch beherbergte der Trollwald dank seiner abgeschiedenen Lage einen reichen Wildbestand.

Die Sali hatte auf seine Rückkehr gewartet und freute sich über seinen begeisterten Bericht.

»Ich möchte gleich in den nächsten Tagen an die Durchforstung gehen, damit wir das Stangenholz zur Ausbesserung der Zäune bekommen. Später möchte ich einige Kubikmeter Langholz schlagen und zu Brettern schneiden lassen ...«

Die Sali erkannte, welche Freude er an seinem Wald hatte, und sie freute sich mit.

»Der Weg ins Hölltal ist halt etwas weit«, meinte sie. »Als der Vater damals den Trollwald kaufte, zweifelten wir an seinem Verstand. Wer sollte ihn denn bewirtschaften?«

»Dein Vater ist ein kluger Mann, Sali! Der weite Weg stört mich nicht. Wir werden eine feste Hütte zimmern, in der wir notfalls sogar übernachten können, wenn wir im Wald zu tun haben.«

»Das ist eine gute Idee!«, gab sie zu. »Übrigens war heute abend der Förster hier. Wir haben ein wenig musiziert. Du hast doch nichts dagegen?«

»Nein, Sali! Wie sollte ich?«

»Ich habe ihm erzählt, dass du im Trollwald seist. Er hat sich sofort angeboten, mit dir einmal das ganze Waldgebiet abzugehen. Ich habe ihm gesagt, dass ich mich freuen würde, wenn du selbst die Jagd dort ausüben würdest. Der Bauer vom Halderhof kann sich diesen Sport erlauben. Das meinte auch er.«

Thomas war Feuer und Flamme für diesen Vorschlag. »Du bist einfach großartig, Sali!«, rief er und nahm sie in die Arme.

Abermals kam ein langer und strenger Winter ins Land. Der einsam gelegene Halderhof war von der Außenwelt abgeschnitten. Nur der Schlitten, auf dem die Milch zweimal am Tag zur Dorfsennerei geschafft wurde, zog eine schmale Spur durch die Schneeverwehungen auf der Straße. Bis über die unteren Fenster herauf häufte sich der Schnee, er lag mit erdrückender Last auf dem Dach und deckte fast den rauchenden Kamin zu. Armdicke Eiszapfen hingen vom Gebälk herab und glitzerten an sonnigen Tagen wie Kristall.

Aber der Winter konnte den Bewohnern des Halderhofes nichts anhaben. In den Öfen krachte das Feuer, die Fenster und Türen an den Stallungen waren mit Stroh abgedichtet, so dass der Eiswind nicht eindringen konnte. Die Scheunen und Keller strotzten vor Vorräten für Mensch und Tier.

An den Abenden kamen die alten Bauersleute herüber zu den Jungen. Man setzte sich zusammen und suchte ein wenig Unterhaltung. Man spürte, dass in diesem Haus Frieden und Glück daheim waren.

Poldi wurde von der jungen Bäuerin betreut, sie sorgte für ihn wie eine Mutter. Der Bub hing auch an ihr wie an einer Mutter und gehorchte ihr aufs Wort.

Thomas beobachtete das Verhältnis der beiden oft mit kritischem Blick. Er glaubte, dass die Sali dem Buben zu viel durchgehen ließ.

»Du verziehst ihn zu sehr!«, tadelte er manchmal. »Er wird dir eines Tages über den Kopf wachsen!«

Aber sie lachte nur darüber.

In den Nächten legte Thomas einige Büschel Heu hinter dem Gehöft aus und lockte damit das Wild heran. Dann stand er mit seiner Frau am vereisten Söllerfenster, legte den Arm um sie und zusammen schauten sie hinab auf die verschneiten Bäume, unter denen sich bald darauf die stolzen Geweihträger um das Futter rauften.

Es war viel stilles Glück in den Halderhof gekommen. Die Sali hatte sich großartig als Bäuerin eingefügt. Die Dienstboten hatten sie gern; mit ihrem freundlichen, heiteren Wesen eroberte sie alle Herzen.

Die Hauptsache aber war, dass die beiden jungen Eheleute sich aufrichtig und voller Hingabe liebten.

»Wirst sehen, Mutter, da fliegt bald der Storch übers Dach!«, sagte der alte Bauer.

»Wir wollen es gern hoffen«, erwiderte sie.

»Die beiden fressen sich noch auf vor Lieb!«

Diese Ansicht teilte auch der Förster, der an manchem Abend auf dem Halderhof zu Gast war und mit der Bäuerin musizierte. Dann kamen auch die Alten herüber von ihrem Altenteil und hörten still und vergnügt zu.

Wer die Hütter Barb in diesen strengen Wintertagen das Haus verlassen sah um den eingefrorenen Pumpbrunnen vom Eis zu befreien, weil kein Mensch ohne Wasser leben kann, der dachte wohl nicht daran, dass ihre Tage bereits gezählt waren.

Wenn der Tod je einmal einen Menschen vergessen sollte, dann war es bestimmt die alte Barb vom Armenhaus. Das war die Meinung der Leute, da sie sie bei jedem Wetter immer noch aufrecht und hurtig durch das Dorf gehen sahen.

Aber der Tod hatte sie nicht vergessen.

Als nach wochenlanger strenger Kälte um Maria Lichtmess plötzlich Föhn aufkam und eine ungesund milde Witterung mit Nässe und Regen einsetzte, musste die alte Barb sich plötzlich hinlegen.

An wie vielen Menschen, die auf dem Totenbett lagen, hatte sie den letzten Dienst getan! Und als sie nun selbst zum Sterben kam, kümmerte sich niemand um sie.

Nur die Ursel kam jeden zweiten Tag vom Seecafé herüber um kurz nach ihr zu schauen und das Notwendigste für sie zu tun. Aber auch die Ursel rechnete nicht mit dem Ableben der Großmutter. Es hatten sich in diesen Tagen mehrere Menschen die Grippe geholt und mussten das Bett hüten. Warum sollte nicht auch die Großmutter einmal krank werden?

So konnte es geschehen, dass sie die Kranke eines Tages in den letzten Zügen liegend antraf. Sie lief freilich sofort zum Arzt und holte auch den Pfarrer, damit die Großmutter wenigstens noch die Sterbsakramente bekäme.

In der gleichen Nacht noch gab die Hütter Barb ihren Geist auf und die Ursel stand nun ganz allein in der Welt, das heißt, einen Menschen hatte sie ja noch, den Aniser Fred, denn sie glaubte fest daran, dass der Fred es ehrlich mit ihr meinte. Es war ihr völlig gleichgültig, was die Leute über ihn sagten und wie sie über ihn urteilten. Sie fühlte sich mit ihm verbunden, schon deshalb, weil er genau wie sie selbst außerhalb der Dorfgemeinschaft stand.

Der Fred hatte ein Haus und verfügte auch über reichlich Geld. Oft war er mehrere Tage abwesend und ging seinen Geschäften nach, die offenbar recht einträglich waren. Seit einiger Zeit hatte er sogar immer Wein im Keller, mit dem er durchaus nicht sparsam umging.

Als die Ursel am Tag der Beerdigung der Großmutter am Armengrab stand und sich so verlassen fühlte wie ein Stein auf der Straße, war der Fred der Einzige, der nach der Einsegnung bei ihr blieb. Sonst kümmerte sich niemand um die junge Frau aus dem Armenhaus.

»Du weißt, dass du nicht allein bist!«, sagte er. »Du gehörst mir! Ich liebe dich und ich bin durchaus in der Lage, mit dir eine Familie zu gründen.«

Schon nach wenigen Tagen besuchte die Ursel den Fred gegen Abend in seinem Haus hinter der Sandgrube, und als sie sich von ihm trennte, graute der Morgen. Sie hatte für ihre wenige freie Zeit wieder einen Unterschlupf gefunden.

»Noch ehe der Sommer kommt, sind wir verheiratet«, versprach er. »Du wirst an meiner Seite ein Leben führen, wie nicht einmal der Bauer vom Halderhof es dir hätte bieten können!«

Wenn sie ins Dorf kam, ging sie nun stolz an den Leuten vorbei und machte sich keinen Schnipfel daraus, dass man ihr mit scheelen Blicken nachsah, wenn sie dem einsamen Haus hinter der Sandgrube zulief, wo der Fred auf sie wartete.

Dann haben sie dort erst einmal gekocht und gut gegessen, darauf holte der Fred Wein herauf, der sie beide in fröhliche Stimmung brachte.

Ja, das war endlich ein Leben, wie die Ursel es sich immer gewünscht hatte! Die Herzen der beiden neigten sich in leidenschaftlicher Liebe einander zu und nichts schien diese Idylle stören zu können.

Sie musterte zuweilen seine Hände, denen keineswegs die fleißige Arbeit anzusehen war, durch die er sein Geld verdiente.

»Was arbeitest du eigentlich?«, fragte sie auf einmal und spielte mit seinen Fingern. »Du hast so gepflegte Hände!«

»Gefällt dir das nicht?«

»Man sieht ihnen nicht an, dass du dich bei deiner Arbeit plagst.«

»Das ist auch nicht nötig«, lachte er. »Im Gegenteil! Was bringt schwere Handarbeit schon ein? Man kann sein Geld auch auf andere Weise verdienen und noch weit mehr!«

»Du meinst durch Handel? Du bist also so eine Art Kaufmann?«

»Sagen wir: So ähnlich. Aber das soll dich doch nicht beschäftigen, Ursel. Die Hauptsache ist doch, dass das Geld da ist und dass die Quelle weiter fließt. Oder fürchtest du, dass ich einen Bankeinbruch gemacht hätte?«

»Nein! Das nicht!«

Er lachte. »Wir beide schaffen es schon! Ich möchte an meinem Haus jetzt noch einiges verschönern – und dann wird geheiratet! Einverstanden?«

Sie war es.

Ein paar Mal schon war Förster Schramm mit dem Thomas ins Hölltal zum Trollwald gefahren. Sie legten jeweils weite Wege zurück und Thomas wunderte sich, woher der Förster die Kraft dazu nahm, denn er ging immer noch am Stock und hinkte. Aber er war in seinem Element und vergaß seine Behinderung völlig. Es gab viel zu erklären, zu beratschlagen und zu überlegen, wo das Holz geschlagen werden konnte, wo eine Durchforstung angebracht war und wo eine Anpflanzung erfolgen musste um eine möglichst gute Waldwirtschaft zu erzielen.

Sie beobachteten das Wild und der Förster stellte fest, dass durch die Überhandnahme bereits Forstschäden zu verzeichnen waren.

»Wenn du die Jagd selbst ausführen willst, Thomas, wird es Zeit!«, sagte er und erklärte ihm, auf welche Weise er am schnellsten seine Jägerprüfung ablegen könnte. Er bot ihm sogar an ihm behilflich zu sein und sein Lehrmeister zu sein.

Thomas nahm sein Angebot dankbar an.

Sie kamen wieder auf den unbekannten Wildschützen zu sprechen, der seit jenem verbrecherischen Anschlag auf den Förster von der Bildfläche verschwunden blieb. Selbst der unnachgiebige Forstgehilfe Walser, der immer noch wie ein Spürhund zu jeder Tag- und Nachtzeit das ganze Forstrevier nach neuen Wildererumtrieben absuchte, gab sich allmählich geschlagen.

»Ich war von Anfang an davon überzeugt, dass wir es nicht mit einem gewöhnlichen Wilderer zu tun hatten, der aus Mordlust oder des Geldverdienens wegen Jagdfrevel treibt«, sagte der Förster. »Vielmehr glaube ich, dass der Kerl nur ganz gelegentlich einmal zur Flinte griff, wenn ihn gerade die Jagdleidenschaft übermannte. Dass er auf mich geschossen hat, macht ihm noch weit mehr zu schaffen als mir. Es war eine Kurzschlusshandlung, weil er an die Schande dachte, in die er sich leichtsinnigerweise gebracht hätte, wenn er dafür ins Gefängnis gekommen wäre.«

»Sie glauben also nicht, dass er noch einmal wildern könnte?«

»Nein, von diesem Laster ist er kuriert. Ich kann mir gut denken, welche Angst er ausgestanden hat, nicht nur vor dem Erwischtwerden, sondern auch um mein Leben. Es wäre ihm wahrscheinlich schwer gefallen, mit seinem Gewissen fertig zu werden, wenn ich gestorben wäre.«

Thomas dachte lange darüber nach. »Ich verstehe nur das eine nicht, Förster, dass Sie nicht mit mehr Nachdruck dahinter her waren, den Kerl dingfest zu machen! Er hat immerhin auf Sie geschossen und es war nur Glück, dass Sie am Leben blieben!«

»Was habe ich davon, wenn der Bursche jahrelang hinter Schloss und Riegel sitzt? Ich sage ja, er ist gestraft genug, wenn er mich hinken sieht.«

»Sie glauben also, dass er sich mitten unter uns befindet?«

»Ich nehme es an. Wahrscheinlich gehört er in ein recht angesehenes Haus.«

Als sie am Abend heimkamen, hatte die Sali bereits den Tisch gedeckt. Man nahm zusammen das Nachtessen ein, plauderte dann noch ein Stündchen, und als der Förster nach Hause wollte, fuhr Thomas ihn heim ins Forsthaus.

Es kam zu einer aufrichtigen Freundschaft zwischen dem Förster und den jungen Bauersleuten vom Halderhof.

Aber es gab Tage, an denen es zwischen den jungen Eheleuten zu gewissen Spannungen kam. Das geschah jeweils dann, wenn Thomas sich plötzlich in gereizter Stimmung befand, ohne dass ein sichtbarer Grund hierfür vorlag. Es fiel dabei kein böses Wort, aber Thomas wich seiner Frau aus, als fürchtete er, sie könnte ihm die Unruhe vom Gesicht ablesen.

Die Sali beobachtete ihn besorgt. Sie konnte sich nicht denken, was ihn bedrückte. Es ging doch alles gut! Der Winter war vorbei und die Natur erwachte zu neuem Leben.

Einmal kam er sehr spät in der Nacht heim. Er war im Dorf bei einer Sitzung der Genossenschaft gewesen, der er als Vorstandsmitglied angehörte.

Sali, die sonst immer auf seine Heimkehr gewartet hatte, war diesmal, als es gar so spät zu werden schien, doch ins Bett gegangen. Aber sie war noch wach, als er endlich die Tür aufsperrte. Da er sich jedoch ungewöhnlich lange in der Stube aufhielt, stand sie auf und zog sich einen Morgenmantel an. Sie sorgte sich wieder um ihn und wollte sehen, was er denn noch so spät in der Stube zu tun hatte.

Er stand am geöffneten Fenster und schaute in die Föhnnacht hinaus. Er war noch völlig angezogen, hatte sogar noch den Hut auf dem Kopf, den er auf dem Heimweg tief in die Stirn gezogen hatte.

Er drehte sich erschrocken um, als er die Tür gehen hörte, und sah sie an, als hätte sie ihn bei etwas ertappt. Seine Augen flackerten voller Unruhe.

»Was ist denn, Sali?«, fragte er.

»Ich wollte nur schauen, warum du nicht ins Bett kommst!«

Er antwortete nicht, sondern ging auf den schweren Eichenschrank zu, dessen Tür weit offen stand. Hier waren alle Wertsachen, die Wirtschaftsbücher, das Geld und alle Dokumente verwahrt.

Er sperrte den Schrank ab und steckte den Schlüssel zu sich.

»Es wurde heute das Milchgeld ausbezahlt, darum ist es so spät geworden«, sagte er nur.

Sie merkte, dass er wieder voll Unruhe war und sich scheute, ihr offen ins Gesicht zu schauen. Endlich warf er den Hut ab, strich sein zerzaustes Haar glatt und bückte sich zu seinen Schuhen.

»Gibt's etwas Neues?«, fragte er.

»Der Förster war da und wir haben eine Weile musiziert.«

»Mhm«, brummelte er.

»Er sagt, dass du dich als Forstmann ganz ausgezeichnet anstellst.«

»Nun, so recht viel habe ich noch nicht gelernt.«

Sie ging zum Fenster und machte es zu. Plötzlich lachte sie kurz auf, als wäre ihr ein heiterer Gedanke in den Sinn gekommen.

Er schaute sie bestürzt an. »Was hast du?«

»Mir fällt gerade ein, wie der Förster sich über den Walser lustig machte, der immer noch meint, er müsste den Wilderer aufspüren.«

»Er ist halt recht ehrgeizig, der Forstgehilfe«, sagte er.

»Er wünscht sogar brennend, dass bald wieder einmal im Daxer Forst gewildert würde, er kann es kaum erwarten!«

»Er soll nur nicht den Teufel an die Wand malen, der Walser! Es könnte ihm sonst einmal genauso ergehen wie dem Förster oder gar noch schlimmer!«

»Regst du dich denn darüber auf?«, fragte sie verwundert.

»Ich? Nein! Aber es ist doch ein blödes Geschwätz, wenn sich einer einen Wilderer ins Revier wünscht!«

Er zog jetzt die Schuhe aus und stellte sie hinter den Ofen zum Trocknen.

In der Stille hörte man das Rauschen des Windes durch die nahen Wälder. Vom Dach plätscherte es, weil es zu regnen anfing. Ein paar Mal kam aus der Ferne der Donner einer niederstürzenden Lawine.

»Hast du nichts zu erzählen, Thomas?«, fragte sie in das Schweigen. »Gibt's nichts Neues im Dorf?«

»O doch! Der Schmittinger soll einen Gehirnschlag erlitten haben und schon zwei Wochen bettlägerig sein. Eine Körperhälfte ist völlig gelähmt. Der Schmittinger hat bis jetzt die Gemeindekasse geführt und ist nach diesem Schlaganfall dazu nicht mehr fähig. Ich weiß nicht, welcher Idiot ausgerechnet auf mich als Nachfolger gekommen ist. Der Bürgermeister wollte unbedingt meine sofortige Zusage.«

»Und? Macht dir das so viel Kopfzerbrechen? Ich denke, dieses Vertrauen sollte dich ehren!«

»Ehren!«, rief er höhnisch. »Weißt du überhaupt, dass ein Gemeindekassier mit seinem ganzen Besitz für die ihm anvertrauten Gelder haftet? Darum suchen sie ja einen, hinter dem etwas steht!«

»Ist das so schlimm?«

»Es gibt viel zusätzliche Arbeit und wahrscheinlich auch manchen Ärger.«

»Ich meine aber, du darfst es nicht abschlagen, Thomas!«

Er sagte nichts mehr.

Am Fenster fegte der Wind vorbei.

»Hast du denn Angst?«, fragte sie nach einer Weile.

»Vielleicht. Ich war schon in der Schule ein schlechter Rechner«, versuchte er jetzt zu scherzen. »Es kann mir leicht passieren, dass ich mich einmal um ein paar Nullen vertu, und dann ist die Bescherung da.«

Sie lachte. »Ich kenne mich in der Gemeindepolitik zwar nicht gut aus, aber das weiß ich auch, dass du die Verantwortung nicht allein tragen musst. Du solltest dich eigentlich freuen über das Ansehen, das du im Dorf hast!«

»Meinst du?«

Er durchwanderte die Stube und sie schaute ihm aufmerksam nach.

»Du hast dich in letzter Zeit sehr verändert, Thomas, bist oft so nachdenklich und gereizt, grad als ob dich schwere Sorgen quälen.«

Er drehte sich nach ihr um. »Mich? Sorgen? Wie kommst du nur auf so etwas!«

»Du kannst dich schlecht verstellen, Thomas! Sag mir, was dich bekümmert!«

»Nichts! Gar nichts!«

Sie ging auf ihn zu. »Und wenn ich dir jetzt sage, dass ich bereits die Gewissheit habe, dass wir unser erstes Kind erwarten?«

Er starrte sie fassungslos an. »Sali! Was sagst du da?«

Sie lachte ihm glücklich zu. »Noch weiß es niemand außer uns beiden und ich meine, wir sollten es noch so lange bei uns behalten, bis sich das Kind das erste Mal regt.«

Er warf jetzt seine Arme um sie und nahm sie fest an sich, und da merkte er, dass sie fröstelte. »Du frierst, Sali! Bitte, geh ins Bett!«, rief er erschrocken.

»Kommst du denn nicht mit?«

»Doch, ich komme sofort nach.«

Sie unterhielten sich noch eine Weile im Bett. Er war jetzt wieder ganz heiter.

Dann lachte er plötzlich spöttisch auf.

»Warum lachst du?«, fragte sie.

»Denk dir, der Aniser Fred will heiraten! Das hab ich heute erfahren.«

»Warum soll er es nicht tun? Das Alter dazu hat er doch?«

»So ein Lump! Das alte Haus hinter der Sandgrube soll er tadellos hergerichtet haben. Ich möcht bloß wissen, woher er das Geld nimmt.«

»Ich verstehe nicht, dass du dich darüber so aufregst!«, wunderte sie sich. »Bloß weil er heiraten will? Er wird schon wissen, was er tut. Wer ist denn das Mädchen?«

Er lachte wieder höhnisch und verbittert auf. »Die schwarze Ursel! Kürzlich erst ist ihre Großmutter gestorben, die alte Hütter Barb. Die beiden passen zusammen! Der Teufel versteht es wirklich, die Leute so zusammenzuführen, wie er sie braucht!«

Sie sagte nichts darauf und auch er schwieg jetzt, obwohl sie beide noch lange wach lagen.

Dann kam es doch einmal zu einem ersten harten Zusammenstoß zwischen den beiden, wovor die Sali sich immer gefürchtet hatte. Gerade in ihrer Liebe zu ihm und in der Furcht, er könnte ihr etwas verschweigen, womit er allein nicht fertig werden konnte, trug sie selbst dazu bei, durch ihre ständigen besorgten Fragen und den Versuch, in seine geheimen Anliegen einzudringen, seine Reizbarkeit bis zum Wutausbruch zu steigern.

Er hatte dem Gemeinderat den Wunsch erfüllt und die Verantwortung über die öffentlichen Gelder übernommen. Es war zweifellos eine Belastung und er musste manche Stunde für sein neues Amt opfern.

Man hatte ihm den schweren eisernen Geldschrank ins Haus gebracht und in der Stube aufgestellt. Die Leute kamen und bezahlten die Unterlagen und alle sonstigen Gemeinderechnungen ein. Über alle diese Vorgänge musste er Buch führen und von Zeit zu Zeit größere Beträge zur Darlehenskasse tragen. Auch musste er an manchem Abend zur Finanzausschusssitzung im Gemeindehaus gehen.

Aber statt sich darüber zu freuen, dass die Sali ihn bei diesen schriftlichen und rechnerischen Arbeiten unterstützen wollte, wies er ihre Hilfe schroff zurück.

Der alte Bauer kam gerade dazu, als Thomas ihr sehr harte Worte zurief, sodass sie ganz erschrocken vor ihm zurückwich.

»Der Herr im Haus bin ich!«, brüllte er. »Ich kann es nicht leiden, wenn mir jemand auf die Finger schaut! Was ich an Geld einnehme und wofür ich es ausgebe, geht niemanden etwas an! Oder bin ich vielleicht nicht vertrauenswürdig dazu, sodass ich entmündigt werden muss?«

»Was ist denn hier los?«, rief der alte Halder, als er hereinkam. »Man hört dich bis zur Straße hinaus schreien!«

Aus dem Gesicht der Sali war der letzte Tropfen Blut gewichen. Sie ließ sich auf einen Stuhl fallen, als hätten ihre Füße nicht mehr die Kraft sie zu tragen. Sie schlug die Hände vors Gesicht.

Thomas verließ die Stube und knallte die Tür hinter sich zu.

»So ein ungeschlachter Narr!«, schimpfte der Alte und wollte seinem Sohn nachlaufen.

Aber die Bäuerin vertrat ihm den Weg. »Bleib!«, rief sie.

»Was ist denn überhaupt los?«

»Das weiß ich so wenig wie du. Es wird immer schlimmer, sodass man die Worte auf die Goldwaage legen muss.«

»Wie lange geht das denn schon?«, fragte der alte Bauer bestürzt.

»Schon eine ganze Weile.«

»Und du sagst mir nichts davon?«

»Was hätte es für einen Sinn? Es gäbe höchstens Streit!«

»Das wär doch noch schöner!«, zürnte der Alte. »Wenn ich auch nicht mehr der Bauer vom Halderhof bin, habe ich als Vater immerhin noch ein Wort mitzureden!«

»Tu's lieber nicht!«, bat sie. »Er muss irgendetwas haben, worüber er nicht sprechen will. Will ich es aus ihm herausfragen, wird er ausfallend. Aber ich weiß, dass er es mir eines Tages sagen wird, wenn er allein nicht mehr weiter weiß. Er hat mich immer noch gern, trotz allem, ich spüre, dass er mich liebt. Wenn ich ihm erst einmal sagen kann, zu welchem Zeitpunkt wir unser Kind erwarten können, wird schnell alles wieder gut sein.«

Der Alte starrte sie fassungslos an. »Was sagst du da? Du erwartest ein Kind?«

Sie nickte.

»Weiß er es?«

»Ich habe es ihm schon gesagt.«

»Und trotzdem behandelt er dich so? In diesem Zustand verträgt keine Frau solche Grobheiten!«, zürnte er. »Was hat es denn gegeben?«

»Ich habe ihn nur gefragt, wie viel Milchgeld zur Zeit eingeht. Ich will nichts davon haben, ich will es nicht einmal sehen! Ich habe nur gefragt, wie man halt so fragt, wenn gerade ein Geld eingeht. Das war doch kein Unrecht?«

»Jede Bäuerin hat das Recht und sogar die Pflicht, sich um den Stand der Wirtschaft zu kümmern. Aber wart nur, Sali, ich werde ihm den Kopf zurechtsetzen! Er wird dich in Zukunft nicht mehr anbrüllen! – Und du musst dich schonen! Auch das ist deine Pflicht! Wenn im Halderhof ein Mensch zur Welt kommt, muss er gesund und kräftig sein! Ich werde es gleich der Mutter sagen, damit sie dir etwas zur Hand geht bei der Arbeit. Sie wird sich darüber genauso freuen wie ich.«

Er ging über den Hof zur Scheune um seinen Sohn zu suchen. Aber er fand nur den alten Florian, der in der Tenne Häcksel schnitt.

»Wo ist der Bauer?«, schrie der Alte dem Knecht gegen das laute Geräusch der Maschine zu.

»Er ist grad weggefahren.«

»Wohin?«

»Ich denk, ins Hölltal zur Jagd. Wenigstens hatte er das Gewehr bei sich.«

Der alte Bauer kehrte in das Pfründhaus zurück.

Auf diesen Wiesen und an den Berghängen hinauf blühten Krokus und Enzian. Nur von den Hochregionen herab schimmerte noch weiß der Schnee im Sonnenlicht. Der Frühling war da. Aus der Erde spross das neue zarte Grün.

Wenn die Ursel jetzt an ihren freien Tagen vom See dem Dorf zuwanderte, schlug sie jeweils gleich den Weg zum Aniserhaus hinter der Sandgrube ein. Manche Leute ärgerten sich bereits darüber, dass diese junge Frau ständig im Haus eines allein stehenden Mannsbilds übernachtete.

Die beiden waren verlobt und niemand konnte ihnen vorschreiben, wann und wo sie sich trafen.

Außerdem gehörte es zur guten Sitte, dass man wenigstens einige Zeit in Trauerkleidern ging, wenn der Tod eines Angehörigen zu beklagen war. Es war noch keine sechs Wochen her, dass die Ursel ihre Großmutter verloren hatte, trotzdem sah man sie bereits wieder in farbenfrohen Kleidern herumlaufen. Sie hatte offenbar keine Trauer mehr. Früher sah man sie wenigstens manchmal am Sonntag in der Kirche, jetzt überhaupt nicht mehr.

Man konnte sie nur mit Verachtung strafen.

Aber die Ursel machte sich nichts daraus. Herausfordernd schaute sie den Leuten ins Gesicht, als mache sie sich über alle Welt lustig. Sie fühlte sich bereits frei und unabhängig und in der Erwartung einer gesicherten Zukunft.

An dem alten Haus hinter der Sandgrube war lange Zeit ein Gerüst aufgerichtet. Manchmal kam ein Handwerker und arbeitete ein paar Stunden an dem schadhaften Dach. Aber dann geschah wieder tagelang nichts. Es hatte ja Zeit, erst im Sommer sollte die Hochzeit sein.

»Dem Fred wird wohl wieder einmal das Geld ausgegangen sein«, spöttelten die Leute.

Aber die Ursel wusste es besser: Der Fred hatte Geld, vielleicht sogar mehr als mancher Bauer im Dorf. Sie wurde seine Frau, mochten die Leute über sie reden und denken, was sie wollten!

Die Dämmerung war schon so weit fortgeschritten, dass man in den Häusern Licht anmachen musste. Auch wenn der Himmel klar war, kamen die Nächte immer noch recht früh.

Die Fenster des alten Hauses hinter der Sandgrube waren alle noch dunkel, als sie dort ankam. Der Fred war also nicht daheim. Es war schon öfters vorgekommen, dass sie auf ihn warten musste. Aber sie wusste, wo der Schlüssel lag.

Sie sperrte das Haus auf, betrat die Stube und machte Licht. Dann bereitete sie das Essen und die Getränke vor; er sollte spüren, welch ein Vorteil es war, wenn eine Frau im Haus war! Wenn sie noch genügend Zeit hatte, dann holte sie seine Anzüge aus dem Schrank hervor und bügelte sie auf. Sie brachte das Stübchen in Ordnung und dabei fiel ihr diesmal auf, dass alles noch ganz so war, wie sie es beim letzten Besuch verlassen hatte. Auf dem Tisch stand sogar noch der Krug, aus dem sie den Wein getrunken hatten. Auf dem Grammophon lag noch die Platte, die sie haben abspielen lassen. Sie hatte den Eindruck, dass seit ihrem letzten Besuch niemand mehr das Stübchen betreten hatte.

Freilich, der Fred war oft tagelang fort auf Geschäftsreisen ...

Obwohl nicht zu befürchten war, dass jemand in der Nähe vorbeikam und durchs Fenster hereinschaute, zog sie die Vorhänge zu.

Die Uhr war stehen geblieben, weil niemand sie aufgezogen hatte. Die Ursel musste warten, bis vom Dorf her die Turmuhr die Stunde schlug, denn sie besaß keine Armbanduhr. Sie zählte die Schläge mit, stellte die Zeiger und setzte das Uhrwerk wieder in Gang.

Sie ging jetzt mit einer brennenden Kerze in den

Keller, von wo ihr eine kalte, moderige Luft entgegenkam und das Licht auszublasen drohte. Sie wusste, wo die Vorräte aufbewahrt waren und füllte den Korb. Darauf kehrte sie in das Stübchen zurück und deckte den Tisch, wie sie es im Restaurant gelernt hatte. Sie legte alles auf, was sie an delikaten Speisen gefunden hatte. Und daneben stand eine Flasche Wein.

Jetzt konnte der Fred kommen. Sie wusste, wie er sich freute, wenn sie ihn auf diese Weise empfing.

Aber er kam noch lange nicht. Die alte Wanduhr, die wieder eifrig tickte, hatte derweil schon ein paar Mal mit blechernem Ton geschlagen. Kam der Fred vielleicht überhaupt nicht heim? Aber sie hatten es doch ausgemacht, dass sie heute zu ihm kommen würde.

Sie setzte sich, schaute zufrieden auf den ansprechend gedeckten Tisch und wartete.

Nach einer Weile hob sie den Kopf. Sie hatte Schritte gehört, die sich rasch dem Haus näherten. Erwartungsvoll schaute sie auf die Tür, durch die er jeden Augenblick hereinkommen würde, denn die Schritte waren bereits im Flur.

Sie hörte, wie seine Hand in der Dunkelheit nach der Klinke tastete.

Die Tür ging auf, aber herein kam nicht der Fred, sondern ein anderer Mann, groß und stämmig von Gestalt, den Hut tief in die Stirn gezogen.

Die Ursel erschrak, als sie ihn erkannte: Es war Thomas, der Bauer vom Halderhof.

Er schob den Hut zurück. Sie blickten sich eine Weile schweigend an.

»Du bist da?«, fragte er dann schroff.
»Wie du siehst!«
»Wo ist der Fred?«

Sie warf ihm einen bösen Blick zu. »Er ist noch nicht da. Aber ich denke, dass er gleich kommt«, antwortete sie dann beherrscht. »Was hast du mit ihm zu schaffen?«

Er beachtete ihre Frage nicht, sondern betrachtete jetzt den üppig gedeckten Tisch. »Da hat man ja recht herrschaftlich aufgetragen«, höhnte er. »Bei einem Staatsbankett kann es nicht großartiger zugehen!«

»Es lebt eben ein jeder nach seinen Verhältnissen«, triumphierte sie.

»Was kann man von so einem verbrecherischen Gesindel schon anderes erwarten, als dass man auch noch verhöhnt wird!«, knirschte er und schaute sie mit funkelnden Augen an.

»Wenn du gekommen bist, um mich zu beschimpfen, dann geh lieber gleich wieder!«, fuhr sie ihn an.

Er schaute sie immer noch an, als wollte er sie mit seinen Augen durchbohren. »Du brauchst dich nicht zu verstellen, Ursel, und so tun, als müsstest du deine Unschuld verteidigen. Ich hätte mir ja denken können, dass du dich in irgendeiner Form an mir rächen wirst. Aber für so abgrundtief schlecht habe ich dich nicht gehalten, dass du ein Verbrechen mitmachst, das von allen das dreckigste ist!«

Sie wurde weiß im Gesicht und sprang auf. »Wenn ich auch nicht weiß, was du da eigentlich redest, merke ich doch, dass du mich beleidigen willst! Darum geh jetzt, wir haben miteinander nichts mehr zu schaffen! Hier, in diesem Haus, bin ich Herr, Halderhofer!« Sie deutete mit ausgestreckter Hand zur Tür.

»Dass du mit diesem Kerl zusammenlebst, gibt dir noch lange nicht das Recht, mir die Tür zu weisen! Du kannst ihm sagen, dass es ein Glück für ihn war, gerade heute nicht daheim zu sein«, fuhr er schneidend fort. »Aber ich komme wieder und sollte es zu meinem eigenen Verderben sein! Ich werde dieser Niederträchtigkeit ein Ende setzen! Darauf kann er sich verlassen! Dann möchte ich sehen, welches Gesicht du dazu machst!«

Damit ließ er sie stehen und ging davon. Er schlug die Tür hinter sich so fest zu, dass von der Decke der Putz herabstaubte.

Die Ursel ging hinaus und legte den Riegel vor; denn sie wurde plötzlich von einer unerklärlichen Angst befallen.

Es ging schon auf Mitternacht zu, als der Fred endlich kam. Er musste ein paar Mal an die Tür klopfen und sich zu erkennen geben, ehe die Ursel ihm öffnete.

Lachend folgte er ihr in die Stube. »Das habe ich auch noch nicht gewusst, dass du ein solcher Angsthase bist und dich einschließt!«, scherzte er. »Vor wem hast du denn eine solche Angst, dass du sogar den Riegel an der Tür vorlegst?«

Er wartete ihre Erklärung nicht ab, sondern warf Hut und Jacke ab und setzte sich an den Tisch, um sich gleich auf das Essen zu stürzen, das sie so schmackhaft vorbereitet hatte. Er achtete auch nicht weiter auf ihr Gesicht, sonst hätte ihm etwas auffallen müssen, denn sie stand immer noch unter dem Eindruck des Streits, den sie mit dem Halderhofer gehabt hatte.

»Großartig hast du alles hergerichtet!«, lobte der Fred. »Da freut sich der Mann auf die Heimkehr nach einem anstrengenden Arbeitstag!«

Er schenkte Wein ein und stieß mit ihr an. Jetzt erst merkte er, dass sie aus irgendeinem Grund verstimmt war. »Ja, ich weiß, es ist etwas später geworden!«, rief er. »Es gibt eben Geschäfte, die man nicht beim Stundenschlag abbrechen kann, wie ein Maurer, der die Kelle aus der Hand wirft, wenn der Feierabend kommt. Daran wirst du dich gewöhnen müssen, Ursel, wenn du erst einmal meine Frau bist.«

»Das ist es nicht, was mich ärgert, Fred ...«

»Sondern?«

»Der Thomas war da und hat mit schwersten Beleidigungen um sich geworfen. Er hat damit gedroht, dass er bald wiederkäme und unserer Niederträchtigkeit ein Ende setze.«

Er lachte belustigt auf. »Drohen will er uns? Das ist ein guter Witz, Ursel! Der Thomas soll nur schön brav sein, wenn er nicht will, dass ihn die Polizei holt!«

Sie wusste nicht, was er damit meinte, aber langsam fing sie an zu ahnen, dass es zwischen dem Thomas und dem Fred ein Geheimnis gab, das von großer Tragweite sein musste.

»Was habt ihr überhaupt miteinander?«, fragte sie.

»Darum musst du dir doch keine Sorgen machen, Ursel!«

»Ich muss es aber wissen, wenn ich schon als deine Frau dazwischen stehen soll!«

Er hatte rasch und viel gegessen, während sie kaum etwas anrührte. Jetzt trank er den starken Wein wie Wasser herunter.

»Du wirst doch nicht gar Mitleid mit ihm haben?«, begann er dann wieder und verzog den Mund zu einem spöttischen Lächeln. »Dann muss ich dich daran erinnern, dass er dich von einem Tag auf den anderen sitzen ließ, als die Alpmeistertochter ihm in den Weg kam, die einen ganzen Wald als Mitgift mitbrachte. So rechnet ein Bauer und geht über alle Schwüre hinweg. Er tritt mit seinen Stiefeln erbarmungslos alles nieder, was sich ihm in den Weg stellt. Da ist dein Mitleid ganz falsch am Platz, Ursel. Der Thomas ist reich, es tut ihm gar nichts, wenn er auch einmal unsereinem eine Kleinigkeit zukommen lässt!«

Jetzt ahnte sie plötzlich, was sich hinter seinen Worten verbarg, und nun gab sie keine Ruhe mehr, bis sie hinter das Geheimnis gekommen war. Immer wieder stellte sie Fragen, da es lange dauerte, bis er ihr alles zufriedenstellend erklärt hatte.

Erst als sein Kopf dumpf und seine Zunge von dem starken Wein immer schwerer wurde, fing er plötzlich an zu erzählen, wovon wohl niemand sonst etwas wusste.

Er hatte den Arm um sie gelegt und sie an sich gezogen. Sie strich über sein Haar und brachte die zerstörte Frisur in Ordnung.

»Ich habe immer gesagt, wir werden es schaffen«, fuhr er fort. »Wir beide, die man aus der Dorfgemeinschaft ausgestoßen hat! Glaub mir, wir schaffen es auch und werden ein schönes Leben haben, ohne dass wir uns plagen müssen. Vom Thomas haben wir nichts zu befürchten, im Gegenteil, er fürchtet sich vor uns! Ein Wort von mir und sein Stern geht unter. Dann kann seine Bäuerin ihm Briefe ins Gefängnis schreiben, falls sie es nicht vorzieht, mitsamt ihrem eingebrachten Guthaben in ihr Elternhaus zurückzukehren. Ich habe den Halder in der Hand, nicht er mich! Und darüber solltest du dich freuen! Es muss doch eine Genugtuung für dich sein, nachdem er dich so schlecht behandelt hat!«

Er trank zwischendurch immer weiter, obwohl ihm das Sprechen bereits schwer fiel. Aber es störte sie nicht, denn ihr war klar, dass sie nur etwas aus ihm herausbringen konnte, wenn er betrunken war.

Und so geschah es auch. Er legte müde den Kopf an

ihre Schulter, schloss ab und zu die Augen und drohte einzuschlafen. Aber sie weckte ihn und brachte ihn immer wieder zum Sprechen.

Wie in einem Traum befangen gab er nach und nach sein Geheimnis preis. Wenn er auch hin und wieder eine Pause einlegte und erst geweckt werden musste oder die Ereignisse völlig zusammenhanglos aneinander reihte, konnte sie sich doch ein ziemlich genaues Bild davon machen, was sich in jener Nacht, als der Förster Schramm niedergeschossen worden war, zugetragen hatte:

Der alte Aniser hatte es nicht gern gehabt, wenn sein Sohn am Abend noch das Haus verließ und herumstreunte. Er wusste, dass sofort der Verdacht auf seinen Fred fiel, wenn irgendwo ein Unrecht angestellt worden war. Gerade zur Herbstzeit, wenn das Röhren der Hirsche von den Bergwäldern herabtönte, hatte der alte Aniser es schon gar nicht gern, wenn sein Sohn bei Nacht nicht daheim war. Man konnte nie wissen, auf welch dumme Gedanken er kam.

Der Alte überzeugte sich jeweils, bevor er ins Bett ging, ob auch der Fred in seiner Kammer war. Dann erst war er zufrieden und legte sich selbst zur Ruhe.

Aber der Fred hatte in dieser Zeit gerade eine Freundschaft mit dem Senn von der Rossgaltalm gehabt. Kaum war es still im Haus, schlüpfte er aus dem Bett, zog sich an und kletterte zum Fenster hinaus, denn die Eingangstür quietschte laut und durchdringend. Und wenn er heimkam, nahm er den Weg abermals durch dieses Fenster. Er stieg durch den Daxer Forst hinauf zur Rossgaltalm, wo er vom Senn bereits erwartet wurde. Bis weit über Mitternacht hinaus spielten sie Karten um recht hohe Einsätze. Einmal verlor dieser, ein andermal jener seine ganze Barschaft, aber der Spielteufel hatte beide beim Kragen und ließ sie nicht mehr aus.

Und in jener Oktobernacht geschah es, dass der Fred seinen Heimweg über das Drachenloch nahm. Dieser Weg war zwar schwieriger zu gehen, aber er kürzte die Strecke erheblich ab. Und da es eine mondhelle Nacht war, konnte er den Abstieg riskieren.

Als er an den Zwingsteg kam, der über die Schlucht führte, glaubte er plötzlich Schritte in der Nähe zu hören, die über den felsigen Boden polterten. Er blieb verwundert stehen und schaute nach dem nächtlichen Wanderer aus, der es offenbar sehr eilig hatte. Er meinte, dass es vielleicht ein Jäger wäre, der die Hirsche beobachtete.

Es war hell genug um die Umgebung überblicken zu können, die Latschenfelder, die Felsstürze und daneben das schwarze Drachenloch.

Und jetzt sah er, wie eine Gestalt bis dicht an das Drachenloch herankam und etwas in die schwarze Tiefe hinabwarf. Er hätte wetten mögen, dass das eine Flinte war.

Also konnte es kein Jäger sein, es sei denn, dass er verrückt geworden wäre, denn welcher Jäger wirft seine Büchse weg? Also war es ein Wilderer!

Ja, es war ein Wildschütz mit vermummtem Gesicht ...

Jetzt erwachte im Fred die Abenteuerlust. Er schlich sich ganz leise näher an die Gestalt heran, die jetzt die Vermummung vom Gesicht riss.

»Und?«, fragte die Ursel, bis zum Zerreißen gespannt. »Hast du den Mann erkannt?«

»Jawohl, ich habe ihn erkannt. Es war der Thomas Halder.«

»Und wie ging's weiter?«

»Er ging davon und ich ließ ihn laufen. Was geht es mich an, wenn einer einmal wildert? Ich konnte nur nicht verstehen, warum er seine Flinte ins Drachenloch warf. Das begriff ich erst, als am nächsten Tag die Polizei zu uns ins Haus kam und wissen wollte, wo ich in dieser Nacht gewesen sei. Aber ich sagte, dass ich im Bett lag und das Haus die ganze Nacht nicht verlassen hätte. Der Vater bestätigte es. Trotzdem musste ich mitkommen, denn für den Forstgehilfen Walser und für die Polizei lag es klar auf der Hand, dass es nur der Aniser Fred gewesen sein konnte, der den Förster in dieser Nacht niederschoss. Ich kam in Untersuchungshaft und wurde mehrmals auf unangenehme Art verhört.«

»Warum hast du denn nicht gesagt, was du oben am Drachenloch gesehen hast?«, fragte die Ursel verständnislos.

»Warum soll ich einen anderen hinhängen? Das tut der Aniser Fred nicht! Ein paar Wochen Untersuchungshaft bringen mich nicht um. Nachweisen konnten sie mir nicht und darum mussten sie mich schließlich wieder laufen lassen.«

»Das verstehe ich nicht, Fred! Warum hast du den Thomas geschont?«

»Nur aus Gefälligkeit, meine Liebe! Aus purer Gefälligkeit!«, lallte er und griff wieder nach dem Glas.

»Eine Gefälligkeit ist eine andere wert!«, konnte er noch sagen. »Rechnen muss man können, Ursel! Rechnen und Planen!«

Er legte wieder den Kopf an ihre Schulter und schlief jetzt fast ein. Der schwere Wein tat nun seine Wirkung.

Die Bauern stiegen zu ihren Almen auf um die Winterschäden zu beseitigen, ehe der Auftrieb erfolgte.

Das Jahr schritt weiter und die Sonne stieg höher. Schon fingen die Talwiesen an zu blühen.

Für den Halderhof stand in diesem Jahr ein ganz besonderes Ereignis bevor; die junge Bäuerin war schwanger und bis zum Ende des Sommers rechnete man mit der Geburt des Kindes. Die Alten freuten sich darauf fast noch mehr als die Jungen; sie hatten auch mehr Zeit dazu als die Jungen, denn mit dem Wachstum auf den Feldern mehrte sich auch die Arbeit auf dem Hof. Außerdem nahm die Rechnungsführung der Gemeindekasse den Thomas stark in Anspruch. Kaum hatte man auf dem Hof Feierabend gemacht, musste er oft noch hinab ins Dorf um an einer Sitzung des Gemeinderats teilzunehmen.

Es war für die Sali eine schmerzliche Feststellung, dass der Thomas sich mehr und mehr zu einem schweigsamen, düsteren Mann veränderte und sich ihr zu entfremden drohte. Nur selten kam es zwischen ihnen noch zu einem friedlichen Gespräch; er wich ihr aus, als fürchtete er sich vor ihren Fragen nach Dingen, über die er nicht sprechen wollte. Dabei war sie fest davon überzeugt, dass er sie immer noch liebte wie am Anfang; aber die Schwierigkeiten, mit denen er zu kämpfen hatte, wollte er nicht preisgeben.

Es ging doch alles gut! Sie hatten ehrliche, fleißige Dienstboten, die treu zum Haus standen, ein neues Arbeitsjahr war angebrochen mit viel versprechender Ernte. Ein Kind war auf dem Weg in die Welt, von dem sie sich alles Glück und alle Freude versprachen.

Die beiden Alten zogen sich gewöhnlich schon früh am Abend in ihr Häuschen zurück. Sie halfen noch gern bei der Arbeit mit, mischten sich aber nicht in Dinge ein, die sie nichts mehr angingen. Sicher fühlten sie, dass etwas zwischen den Jungen nicht mehr recht stimmte, sie waren jedoch klug genug, sich herauszuhalten.

Wenn es zu einer Krise gekommen sein sollte, mussten die beiden selbst damit fertig werden und wieder Vertrauen zueinander finden.

Sali war ihnen für diese Zurückhaltung dankbar. Eine Einmischung hätte doch nur zu Unfrieden geführt. Eines Tages würde es ihr sicher gelingen, den Thomas zum Sprechen zu bringen, auch wenn sie noch so lange warten musste, bis das Kind da war.

Hin und wieder kam am Abend der Förster vorbei, der meistens seine Gitarre mitbrachte, um mit der Bäuerin Hausmusik zu machen. Wenn der Thomas sich dem Förster gegenüber auch sehr gastfreundlich verhielt und ihn herzlich willkommen hieß, fiel es doch auf, dass er immer bald darauf aus dem Haus ging und die beiden beim Musizieren allein ließ.

Natürlich machte sich auch der Förster Gedanken darüber.

»Ist es ihm vielleicht nicht recht, wenn ich komme?«, fragte er einmal, als Thomas sich unter einem Vorwand von ihm verabschiedet hatte.

»Aber natürlich ist es ihm recht!«, versicherte die Sali.

»Sein Amt als Gemeindekassier nimmt ihn fast jeden Abend in Anspruch. Er ist in der letzten Zeit kaum mehr daheim.«

»Ich möchte nämlich keineswegs Unstimmigkeiten ins Haus tragen!«

»Wo denken Sie hin, Förster! Wir freuen uns doch über Ihre Besuche!«

Wenn Thomas sich zunächst über seine eigene Jagd im Hölltal gefreut und sich sehr darum gekümmert hatte, so ließ sein Eifer schon bald wieder nach. Unberührt hing jetzt der Drilling oft wochenlang an der Wand.

Und der alte Florian beklagte sich bereits, dass der junge Bauer sich allmählich zu einem recht mürrischen Mannsbild auswachse, der den ganzen Tag über kein Wort rede, wenn sie zusammen bei der Arbeit waren.

»Es wird schon wieder anders, Florian«, tröstete die Sali ihn. »Er hat bloß gerade viel zu tun.«

Der kleine Poldi aber ging dem großen Bruder möglichst aus dem Weg. Er wusste, dass es nur eines geringen Anlasses bedurfte, und schon fing Thomas an ihn anzuschreien.

An einem Sonntagnachmittag, als Thomas bald nach dem Essen das Haus verlassen hatte, weil er zu einer dringenden Besprechung hinab ins Dorf müsste, machte sich etwas später auch die Sali auf um bei dem schönen Wetter ein wenig spazieren zu gehen. Der Hof lag in sonntäglicher Stille, kein Mensch war zu sehen; der alte Bauer war mit dem Florian zur Alm aufgestiegen, die alte Bäuerin hatte sich ein wenig hingelegt um sich auszuruhen, die Dienstboten suchten im Dorf oder beim Bergwirt ihr Sonntagsvergnügen.

Nur der Poldi war da, er trieb sich spielend um das Haus herum und zeigte sich gleich freudig dazu bereit, als die Sali ihn zum Mitgehen einlud.

Die Sonne schien warm, ringsum blühten die Wiesen, die Berge schimmerten.

Sali schlug den Weg zur Freistatt ein, einer grünen Höhe, von der man einen schönen Ausblick ins Tal hatte. Eine knorrige Eiche breitete dort ihren Schatten über ein Ruhebänkchen. Sie wollte sich dort niedersetzen und in die Gegend schauen, wie sie es oft tat, wenn ihr Mann sie an Feiertagen allein lassen musste.

Der Poldi erzählte in seiner munteren Art, sie hörte

ihm gern zu und lachte über seine knabenhaften Sprüche. Ab und zu blieb sie stehen und schaute auf den Hof zurück, der im hellen Sonnenlicht zu ihren Füßen lag. Auf der Koppel tummelte sich die Haflingerstute mit ihrem Fohlen.

Freimütig gestand der Poldi ein paar Streiche, die er mit einigen Schulkameraden verübt hatte, wenn sie im Übermut den Lehrer oder gar den Pfarrer ein wenig ärgern wollten. Er hängte sich bei ihr ein und bettelte förmlich um ihr Verständnis.

Wenn nur sein großer Bruder auch einmal so zu mir sprechen könnte!, dachte sie. Sie hätte auch für alles, was ihn bedrückte, bestimmt Verständnis aufgebracht.

Sie kamen jetzt an einen dicht bewachsenen Hain mit viel Gebüsch, den sie umgehen mussten, um zu der frei stehenden Eiche zu gelangen; denn durch das kniehohe und stachelige Strauchwerk konnte man nicht hindurchgehen, ohne die Kleider zu zerreißen.

Aber sie blieben dann zugleich lauschend stehen, weil plötzlich Stimmen an ihr Ohr klangen, laute Männerstimmen, die durch den dichten Hain zu ihnen herüberdrangen.

»Es scheint schon jemand auf der Bank zu sitzen«, sagte die junge Frau. »Schade! Nun müssen wir uns ein anderes Plätzchen suchen.«

Der Bub trat näher an das Gebüsch heran und horchte auf die lauten Stimmen. »Sie streiten!«, flüsterte er ihr zu.

Er hatte Recht, denn eben wurden drüben derbe Worte ausgestoßen.

»Komm, Poldi, wir kehren um!«, beschloss die junge Bäuerin. Sie wollte nicht Zeugin eines Streites werden, den ein paar ihr unbekannte Menschen austrugen.

Aber der Poldi lauschte weiter auf die Stimmen jenseits des Haines.

»Er ist's! Jetzt hab ich es deutlich herausgehört!«, flüsterte er zurück.

»Wer denn?«

»Der Thomas.«

»Unsinn! Der Thomas ging schon vor einer Weile hinab ins Dorf. Du täuschst dich, Poldi!«

»Ich wette, dass er es ist!«, blieb der Bub bei seiner Behauptung.

Nun kamen auch ihr Zweifel. Aber warum war ihr Mann hier oben? Und mit wem hatte er sich getroffen?

»Komm, Poldi! Wir gehen zurück!«, befahl sie jetzt streng.

Aber der Poldi bahnte sich bereits leise und vorsichtig einen Weg durch das dichte Gestrüpp.

»Poldi!«, rief sie in unterdrücktem Befehlston, doch der Bub war schon zu weit in das Dickicht eingedrungen und schlich lautlos wie eine Katze weiter.

Das hatten die Buben vom Halderhof gelernt. Von Kindesbeinen an waren sie von Wäldern und Einsamkeit umgeben. Wie die Indianer spürten sie die verborgensten Pfade und Fährten auf.

Die Sali entfernte sich langsam und schaute sich unentwegt um. Sie hatte Angst, ihr Mann könnte jeden Augenblick hinter dem Hain hervorkommen. Dann würde er sie sehen, und was läge dann näher als der Gedanke, dass sie ihm nachgeschlichen war und ihn belauscht hatte!

Wenn bloß der Bub zurückkäme! Es gab bestimmt ein Unglück, wenn er seinem Bruder in die Hände lief.

Sie war schon ein weites Stück gegangen, als der Poldi dann doch endlich aus dem Dickicht hervorkroch und flink wie ein Wiesel herbeigesprungen kam. Sein Gesicht verriet, dass er ihr eine bedeutsame Mitteilung zu machen hatte.

»Sie sind schon auseinander gegangen«, berichtete er schnaufend. »Der Thomas ist jetzt auf dem Weg hinab ins Dorf. Der andere sitzt noch unter dem Baum.«

»Wer ist dieser andere?«

»Der Aniser.«

Sie blieb erschrocken stehen. »Der Fred? Das kann doch nicht wahr sein, Poldi!«

»Ich kenn doch den Fred! Und ich war ganz nahe bei ihm. Jetzt zählt er gerade das Geld nach.«

»Welches Geld?«

»Das der Thomas ihm hingeworfen hat, bevor er weglief.«

Jetzt ging der Sali ein Licht auf. Trotzdem sagte sie: »Du träumst, Poldi! Warum sollte der Thomas dem Aniser Geld zustecken!«

»Wenn ich es aber doch selber gesehen habe!«

Die Sali aber hörte dem Poldi gar nicht mehr zu, der immer noch beteuerte, was er gesehen hatte.

»Hör jetzt zu, was ich dir sage, Poldi: Du darfst niemandem etwas davon sagen, was du da gesehen hast!«

Der Bub nickte gehorsam.

»Auch deinen Eltern nicht!«

»Nein, ich sage nichts!«, versicherte er ernsthaft. »Ich habe den Thomas und den Fred schon öfters auf der Freistatt beisammen gesehen und niemandem etwas davon gesagt! Oh, ich kann schweigen wie ein Grab!«

Sie war platt. »Du bist also deinem Bruder schon öfter nachgeschlichen?«

Er nickte schuldbewusst. »Seit der Thomas sich mit dem Fred heimlich trifft, ist er manchmal so böse und finster. Daran ist bloß dieser Fred schuld! Er ist ein Lump!«

»Ich weiß es nicht, Poldi. Auf alle Fälle darfst du zu niemandem davon sprechen, sonst richtest du womöglich eine ganz böse Geschichte an. Und in Zukunft schleichst du deinem Bruder nicht mehr nach! Hast du verstanden?«

Der Bub nickte.

»Du hast mich doch gern, Poldi?«

»Ja, sehr.«

»Dann musst du tun, was ich dir sage. Versprichst du mir das?«

»Ja, ich verspreche es.«

»Wir wollen ganz einfach vergessen, was wir heute gesehen haben.«

Der Bub nickte und hängte sich wieder an ihren Arm. Sali strich über seinen wirren Haarschopf.

An diesem Sonntag kam Thomas sehr spät heim, trotzdem wartete die Sali auf ihn. Sie saß am Tisch unter der Lampe und arbeitete für das zu erwartende Kind. Das Erlebnis vom Nachmittag ging ihr nicht aus dem Kopf und sie hatte sich vorgenommen, heute noch mit ihrem Mann darüber zu sprechen, was auch daraus werden sollte.

Eine Weile hatten die beiden Alten ihr noch Gesellschaft geleistet, aber es war keine richtige Unterhaltung zustande gekommen, obwohl die Sali mit ihren Schwiegereltern sehr gut auskam. Aber heute machte sie einen verschlossenen Eindruck.

Die beiden Alten schrieben das ihrem Zustand zu. Sie war immerhin schon im fünften Monat schwanger. Vielleicht hatte sie darunter manchmal schwerer zu leiden, als sie zeigen wollte.

»Du bist müde, Sali«, sagte die alte Bäuerin. »Wir gehen jetzt, damit du ins Bett kommst.«

Die beiden Alten zogen sich in ihr kleines Haus zurück.

Aber die Sali dachte nicht daran, sich zur Ruhe zu begeben. Sie wollte auf die Heimkehr ihres Mannes warten und sollte es noch Stunden dauern. Sie musste ihn zum Sprechen bringen, weil sie diesen Zustand der Unwissenheit und Angst nicht mehr länger ertragen konnte.

Die Zeiger der Uhr rückten bereits der Mitternachtsstunde zu, als er endlich kam. Sie hörte seine Schritte schon von fern und ihre Hände fingen an zu zittern, als brächten die nächsten Minuten die Entscheidung über Leben und Tod.

Sie hörte, wie er die Haustür aufsperrte, und gleich darauf stand er vor ihr. Sie schaute ihn an, als müsste sie ihm etwas von seinen unlauteren Machenschaften ansehen. Aber er machte einen ordentlichen und vollkommen nüchternen Eindruck.

»Warum bist du denn noch auf?«, fragte er. »Du weißt wohl gar nicht, wie spät es schon ist?«

»Ich habe auf dich gewartet. Darf ich das nicht?«

»Ich mag nicht, dass du so lange arbeitest! Das ist nicht gut in deinem Zustand!«

Er warf den Hut ab, kam zum Tisch und setzte sich zu ihr. Sie legte das Kinderhemdchen, an dem sie genäht hatte, zur Seite. Er strich darüber.

»Wie nett!«, sagte er.

Sie ging nicht darauf ein und schaute ihn freundlich, aber ernst an. »Darf ich dich etwas fragen, Thomas?«

»Warum? Was ist denn los?«

»Bin ich überhaupt noch deine Frau, die du liebst und der du vertraust?«

»Aber Sali, was soll denn diese Frage?«, rief er.

»Oder bin ich nur noch die Bäuerin vom Halderhof, die man notgedrungen braucht?«, fuhr sie fort.

»Was soll denn das auf einmal bedeuten?«, stieß er unwillig hervor.

»Ich kann mich einfach nicht daran gewöhnen, als deine Frau nur so nebenher zu gehen, als müsste ich lediglich meine Arbeit tun wie eine Angestellte! Es tut mir Leid, dass ich dir das sagen muss!«

Mit zitternden Händen legte sie jetzt ihr Nähzeug zusammen und trug es weg.

Er schaute ihr bestürzt nach. »Bist du aber komisch, Sali! Das muss ich schon sagen!«

Sie stand jetzt vor der Kommode, in die sie ihr Nähzeug verstaute. »Du scheinst mich immer noch nicht zu verstehen!«, sagte sie abgewandt. »Bei uns daheim war das anders: Der Vater und die Mutter setzten sich manchen Abend zusammen, hatten die Wirtschaftsbücher vor sich liegen, besprachen und berieten sich. Jeder wusste, was an Geld da war, welche Einnahmen man erzielt hatte, was ausgegeben wurde. Hier auf dem Halderhof macht das der Bauer ganz allein. Die Bäuerin hat kein Recht, einen Blick in die Bücher zu tun. Die werden in den Schrank eingeschlossen und den Schlüssel trägt der Bauer bei sich. Daran muss ich mich freilich erst gewöhnen, aber das fällt mir schwer.«

»Ich hab gedacht, dass du dich mit solchen Dingen gar nicht befassen möchtest«, erwiderte er unsicher.

»So, wie es meine Mutter getan hat, freilich nicht. In erster Linie ist es die Sache des Bauern. Aber es könnte ja auch Geld ausgegeben werden, wofür es gar keine Belege gibt, also Ausgaben, ohne etwas dafür bekommen zu haben, nicht einmal einen Schuldschein.«

»Jetzt redest du aber großen Unsinn!«, sagte er und zog die Stirn in Falten.

Sie schaute ihn eine Weile besorgt an. »Warum willst du mir nicht die Wahrheit sagen, Thomas?«, begann sie wieder, diesmal noch eindringlicher. »Wie oft habe ich dich schon darum gebeten, du sollst mir sagen, welche Sorgen dich bedrücken!«

»Mich bedrücken keine Sorgen!«, entgegnete er hart.

»Doch, du hast Sorgen! Damit ging es schon bald nach unserer Hochzeit los; auf einmal hattest du ein Geheimnis vor mir. Es ist jemand da, der dir viel Geld abnimmt. Und es fällt dir immer schwerer, dieses Geld zu bezahlen, ohne dass andere es merken! So ist es doch?«

Er schaute betroffen auf und fuhr mit der Hand nervös über den Kopf. »Wie kommst du nur auf einen solchen Gedanken?«, rief er gereizt. »Bin ich denn ein Schurke, der seine eigene Frau betrügt?«

»Schrei nicht so, Thomas! Du weckst sonst noch die Leute auf!«, mahnte sie ruhig.

»Verzeih!«, bat er. »Aber du wirst verstehen, dass ich diesen Verdacht nicht auf mir ruhen lassen kann! Rede also! Wer hat dich auf einen solchen Gedanken gebracht?«

Sie setzte sich jetzt auf ihren Platz am Tisch zurück und stützte ihren Kopf in der Hand auf. »Du hast vielleicht angenommen, dass ich stumpfsinnig meine tägliche Arbeit als Hofbäuerin mache, ohne mich darum zu kümmern, ob auch alle mit mir zufrieden sind«, sagte sie jetzt mit müder Stimme. »Es war für mich eine neue und schwierige Aufgabe, weil ich mich erst einarbeiten musste. Desto größer war meine Freude, als ich feststellen konnte, dass alle mit mir recht zufrieden sind. Ich merkte es an den Gesichtern deiner Eltern, an der Anhänglichkeit deines Bruders, an der Art, wie die Dienstboten mir begegneten. Es gab nur noch einen einzigen Menschen, der kein rechtes Vertrauen zu mir gewinnen konnte, und das bist du. Und gerade von dir hätte ich es erwartet, wenn es nicht gelogen war, was du vor der Hochzeit versprochen hast! Ich merke, wie fremd du mir geworden bist, obgleich wir ein Kind erwarten. Wenn ich dich etwas frage, bist du gleich gereizt und grob. Dabei möchte ich dir nur helfen und zu dir stehen.«

»Sali! Hör auf damit!«

Sie beachtete seinen Einwand nicht und fuhr fort: »Ich habe geduldig gewartet, dass es sich bessern würde. Ich glaube an deine Liebe und gebe die Hoffnung nicht auf. Aber jetzt, in meinem Zustand, kann ich deine Verschlossenheit kaum noch ertragen. Wären deine Eltern und der Poldi nicht, dann wäre ich vielleicht schon zu meinen Eltern nach Schlehen zurückgekehrt.«

Jetzt erschrak er. Aus seinem Gesicht wich das Blut. »Bist du denn von Sinnen?«

»O nein! Ich sage ja, dass ich es nicht tun werde. Aber du sollst wissen, mit welchen Überlegungen ich mich schon befasst habe, während du mich hier Abend für Abend allein sitzen lässt. Doch meine Liebe zu dir ist stärker, und wenn du auch noch so auffahrend bist, weiß ich, dass auch du mich liebst. Ich weiß aber auch, dass du mit deinen Sorgen nicht mehr allein fertig wirst, darum bist du so schroff geworden. Warum willst du dir nicht helfen lassen? Dazu bin ich ja da! Dafür bin ich deine Frau geworden.«

Er stand jetzt am Fenster, in dem sich die Stube spiegelte. Er konnte sie genau beobachten.

»Ich weiß, dass du erpresst wirst!«, sagte sie plötzlich.

Er fuhr zu ihr herum. »Was? Was sagst du da? Von wem soll ich erpresst werden?«

»Von deinem Freund, dem Aniser Fred.«

Er starrte sie fassungslos an.

»O nein, ich bin dir nicht nachgeschlichen, wie du vielleicht glauben magst!«, fuhr sie ruhig fort. »Das würde mir widerstreben. Ich kam ganz zufällig darauf und vielleicht musste es so sein, denn so kann es ja nicht weitergehen. Wir warten beide auf unser Kind und leben uns immer weiter auseinander. Es weiß niemand außer mir etwas davon, Thomas, und es soll auch niemand etwas erfahren. Du brauchst nicht zu befürchten, dass ich den Aniser aufsuchen könnte, um von ihm nähere Auskunft einzuholen. Er ist ein Erpresser und damit ein Verbrecher, gleichviel, für welches Schweigen er sich bezahlen lässt! Mit solchen Leuten spreche ich nicht.«

Er wusste in seiner Fassungslosigkeit nicht, was er sagen sollte, und starrte sie nur an.

»Was es auch gewesen sein mag, wodurch du dich in die Hand dieses Menschen gegeben hast, mach diesem Unheil ein Ende, Thomas!«, beschwor sie ihn jetzt. »Es gibt genug Beispiele dafür, dass Leute durch schamlose Erpresser um Haus und Hof gekommen sind! Es ist sogar schon vorgekommen, dass Erpresste sich an fremden Gütern vergriffen haben, wenn sie sich anders nicht mehr zu helfen wussten. Du hast ein gutes Ansehen im Dorf, Thomas! Alle Leute haben dich gern. Ich beschwöre dich!«

Sie schlug erschüttert die Hände vor ihr Gesicht.

»Sali! Du wirst doch nicht glauben …?«

»Nein, ich weiß, noch hast du es nicht getan, ich meine, einen Griff in die Gemeindekasse –«

»Sali! Bist du denn verrückt?«, rief er. »Du kannst doch nicht im Ernst an so etwas denken!«

»Was tun Leute nicht alles aus Verzweiflung! Ich kann mir schon denken, wie es zuging, dass dieser Aniser dich in die Hand bekommen hat und nun für sein Schweigen viel Geld von dir fordert.«

Er schaute erschrocken auf. »Nein, Sali, das weißt du nicht!«

»Du erinnerst dich vielleicht nicht mehr daran, wie du mir einmal lachend gestanden hast, dass du in jugendlichem Leichtsinn mit der schwarzen Ursel vom Seecafé zusammen warst. Die Ursel ist jetzt die Braut dieses Aniser. Die Zusammenhänge sind also nicht schwer zu erraten. Wahrscheinlich ist dir diese Liebschaft zum Verhängnis geworden; aber was auch geschehen sein mag, es muss endlich damit ein Ende haben. Der Aniser mag zu mir kommen, und was er mir auch zu sagen hat, es kann mich nichts so sehr erschüttern wie dieser Zustand!«

Nun war Thomas erschüttert. »Sali! – Gut, ich will dir alles sagen«, entschloss er sich plötzlich.

Aber sie wehrte ab. »Nein! Ich will dir kein Geständnis abtrotzen, Thomas. Ich will nur, dass du mir vertraust und dieser unseligen Bekanntschaft ein Ende machst!«

Als die ersten Wärmegewitter niedergingen, die nach der Sonnenhitze erquickliche Abkühlung brachten, machte das Wachstum auf den Feldern rasche Fortschritte. Auf den umzäunten Weiden um den Halderhof sah man jetzt wieder Vieh. Friedlich klang das Geläute über die stillen Höhen, es hallte durch die nahen Wälder wie feierliche Orgeltöne.

Die jungen Aufzuchttiere hatte man zu den Hochalmen gebracht. Schon bald darauf begann die Heuernte. Der Sommer war da.

Das Haus des Aniser hatte in der Tat ein ganz neues Gesicht bekommen. Die grauen Mauern waren frisch getüncht, das Dach geflickt, die Fenster, früher teilweise gesprungen, waren neu eingeglast worden. Sogar Tür und Läden waren gestrichen.

Hatte der Fred wirklich das Heiraten im Sinn? Wovon aber wollte er eine Familie ernähren?

Es gingen verschiedene Gerüchte um. Die einen wollten wissen, dass er eine Erbschaft gemacht habe, andere wieder wollten gehört haben, dass er einträgliche Geschäfte betriebe. Wie dem auch sein mochte, das eine stand fest, dass der Fred recht gut lebte und immer tadellos gekleidet war, seit sein Vater gestorben war.

Man bekam ihn immer weniger zu Gesicht, weil er die meiste Zeit auswärts war. Das Haus stand leer, und wenn die Nacht kam, blieben die Fenster dunkel.

Nach wie vor kam die Ursel an ihrem freien Abend vom Seecafé und schlug ihren Weg zur Sandgrube ein. Aber sie wartete oft die ganze Nacht vergeblich auf den Verlobten, obwohl er genau den Tag wusste, an dem sie ihn besuchen konnte.

Wenn sie dann am nächsten Morgen zu ihrer Arbeitsstelle zurückkehrte, ohne den Fred zu Gesicht bekommen zu haben, schaute sie recht übernächtig und griesgrämig drein.

In der Ursel erwachte allmählich Misstrauen. Aber sie hatte den Fred in der Hand. So glaubte sie wenigstens.

Als sie an einem solchen Abend wieder einmal dem Haus hinter der Sandgrube zulief, war der Fred daheim. Er stand in der geöffneten Tür und erwartete sie.

Über den klaren Himmel breitete sich feurig die Abendröte aus. Vom Dorf her hörte man noch das Surren der Abladmaschinen, denn der Arbeitstag der Bauern dauerte jetzt bis in die Nacht hinein.

»Hast du etwas zum Trinken mitgebracht?«, rief der Fred ihr entgegen. »Ich habe einen Höllendurst!«

»Nein, ich hab nichts bei mir. Aber es ist doch genügend im Keller!«, antwortete sie.

»Das war einmal, mein Schatz. Es ist alles aufgebraucht.«

»Dann musst du eben etwas holen!«, meinte sie gleichmütig. »Der Kramer hat seinen Laden noch nicht geschlossen und im Wirtshaus gibt es Bier und Wein genug!«

Sie gingen ins Haus, betraten die Stube und machten Licht.

»Hast du Geld bei dir?«, fragte er.

Sie schaute ihn überrascht an. »Warum? Hast du denn nichts?«

»Im Augenblick bin ich völlig abgebrannt. Die Bauern sind gerade bei der Heuarbeit, da kann man schlecht kassieren. Ich muß warten bis zum Sonntag.«

»Dann musst du dein Geld eben besser einteilen!« Sie holte ihre Geldbörse hervor und gab ihm ein paar Scheine.

»Das nächste Mal bekommst du es mit Zinsen zurück«, versprach er, nahm das Geld an sich und verließ das Haus.

Die Ursel ging inzwischen an die Arbeit, schaffte ein wenig Ordnung und deckte dann den Tisch.

Er blieb nicht lange aus und brachte allerlei Essbares und ein paar Flaschen Wein mit. Er hatte das ganze Geld ausgegeben, das sie ihm gegeben hatte.

Dann saßen sie bei ihrer Mahlzeit. Durch das geöffnete Fenster drang die kühle Nachtluft herein. Von einem nahen Tümpel her hörte man das Quaken der Frösche.

»Ich habe letzte Woche wieder die ganze Nacht vergeblich auf dich gewartet!«, sagte sie vorwurfsvoll.

»Das tut mir aber Leid, Ursel!«

»Du hast aber doch gewusst, dass ich komme!«

»Natürlich habe ich's gewusst. Aber da musste ich gerade ein gutes Geschäft abschließen und die Verhandlungen zogen sich so lange hin, dass ich nicht einmal mehr den letzten Zug erreichte. Was will man da machen?«

Sie musste ihm glauben.

Nach dem Essen räumte sie den Tisch ab und dann setzten sie sich zusammen auf das Kanapee. Er legte den Arm um ihren Nacken.

»Wenn du wüsstest, wie glücklich ich bin, wenn du bei mir bist!«, sagte er und gab ihr einen Kuss.

Sie antwortete nicht darauf. Auf ihrer Stirn zeigten sich unwillige Falten.

»Was hast du denn? Sorgen?«, fragte er.

»Ich denke eben daran, was du mir versprochen hast.«

»Nämlich?«

»Dass wir heiraten werden, sobald das Haus instand gesetzt ist. Es ist jetzt Sommer. Worauf warten wir noch?«

Er verzog spöttisch den Mund. »Warum sollen wir heiraten? Bloß weil das so Brauch ist?«, sage er dann. »Gehören wir nicht auch so längst zusammen? Die Bauern meinen, dass dazu unbedingt der Segen des Pfarrers nötig ist. Aber wir sind keine Bauern!«

Sie befreite sich aus seiner Umarmung und schaute ihn betroffen an. »Was willst du damit sagen?«

»Dass es dieses ganze Tamtam gar nicht braucht! Eine Hochzeit kostet bloß einen Haufen Geld!«

»Du willst mich also gar nicht heiraten?«, fragte sie schockiert.

»Wozu denn? Wir beide kennen uns und lieben uns und alle anderen Leute geht es nichts an!«

»Du hast einmal ganz anders gesprochen, Fred!«, erinnerte sie ihn verbittert.

»Sei doch vernünftig, Schatz! Angenommen, wir heiraten und du gibst deine Stellung im Seecafé auf, müsstest du da nicht hier in diesem einsamen Haus versauern? Außerdem würde uns dann dein Verdienst entfallen. Wir sind aber keine Leute, denen das Geld zum Fenster hereinfliegt, ohne dass sie einen Finger rühren.«

»Wir können trotzdem heiraten!«, widersprach sie. »Ob ich als lediges Mädchen oder als verheiratete Frau im Seecafé bediene, danach fragt kein Mensch. Aber wenn wir unverheiratet zusammenleben, regt sich bald das ganze Dorf über uns auf!«

»Seit wann kümmerst du dich um die Dorfleute?«

Jetzt wurde sie wütend. »Sag doch gleich, dass du mich nicht heiraten willst! Ich werde dann gehen und dich nie mehr belästigen!« Sie sprang auf.

»Ursel!« Er hielt sie zurück und nahm sie in die Arme. »Was ist denn in dich gefahren? Du kannst mir alles antun, nur das nicht! Ich liebe dich und kann ohne dich nicht mehr sein! Gut, wenn du es durchaus willst, dann heiraten wir eben!«

Thomas Halder hatte sich in eine brenzliche Lage gebracht. Er wusste nun, wie er sich seiner Frau gegenüber verhalten musste, um nicht eine Katastrophe heraufzubeschwören. Denn welch einen Skandal müsste das geben, wenn die junge Bäuerin eines Tages das Haus verließe, um nach Schlehen zurückzukehren!

Andererseits aber forderte sie von ihm den bedingungslosen Abbruch seiner Beziehungen zum Aniser, und das beschwor die Gefahr herauf, dass der Fred seine Drohungen wahr machte und alles erzählte.

Sie wusste eben nicht, dass er sich weder vor der öffentlichen Schande noch vor der Bestrafung für seine Tat fürchtete, sondern allein davor, dass er durch sein verschwiegenes Verbrechen ihre Liebe verlieren könnte. Nur deshalb scheute er sich ihr die volle Wahrheit zu sagen und für seine Tat einzustehen.

So konnte er vorläufig nichts tun, als ihr immer freundlich und heiter zu begegnen. Er setzte sich jetzt abends oft zu ihr, wenn sie an der Ausstattung für das Kind arbeitete.

Manchmal kamen auch die alten Bauersleute dazu, die jetzt bei der Heuernte mithalfen, denn sie waren noch gesund und rüstig und wären vor Langeweile vergangen, wenn man es ihnen verwehrt hätte.

Es schien also, als käme alles wieder in Ordnung, es war wieder eine Friede im Haus, wie man ihn sich nicht schöner wünschen konnte.

Der alte Florian spuckte in die Hände und war so wohlgemut bei der Arbeit, als hätte es ihm auf der Welt noch nie so gut gefallen.

Fuder um Fuder wurde eingefahren. Die Scheune füllte sich bis hinauf unter das Dach. Jeden Morgen wurde das Vieh auf die Weide getrieben und zweimal am Tag karrte der Bauer oder der Knecht das volle Milchfass hinab zur Sennerei.

»Was ist denn mit deiner Jagd?«, fragte die Sali einmal an einem Abend ihren Mann. »Der Drilling rostet schon bald ein!«

»Dazu habe ich jetzt keine Zeit, Sali. Aber im Herbst geht's wieder los. Ich freue mich schon darauf!«

»Inzwischen wirst du wohl einen Sohn oder eine Tochter haben«, sagte sie.

»Oder vielleicht gar beides?«, lachte er und zeigte seine weißen Zähne, die besonders leuchteten, wenn sein Gesicht im Sommer tief gebräunt war.

»Du machst mir ja Angst!«, erwiderte sie heiter.

Und an einem Abend, als er zu einer Gemeinderatssitzung ins Dorf musste, übergab er ihr plötzlich die Schlüssel zum Schrank.

»Vielleicht hast du heute Zeit und Lust dazu, in den Büchern zu blättern«, sagte er. »Es wird sicher wieder recht spät werden, bis ich heimkomme.«

Sie war bestürzt. »Wozu das?«

Sie schob ihm die Schlüssel wieder zu, als könne sie sich daran verbrennen.

»Du wolltest dich doch über den Stand und das Vermögen informieren, wie es einer Bäuerin zukommt!«

»Nein, das will ich nicht, Thomas! Ich vertraue dir.«

»Trotzdem solltest du es tun, Sali! Ich will es! Du musst wissen, wie es bei uns steht!«

»Bitte, nimm die Schlüssel zu dir!«

»Und wenn Schulden da sind?«, fragte er.

»Die hat jeder Bauer!«

»Es wurde Geld ausgegeben, wofür keine Belege existieren!«

»Ich weiß. Aber das war einmal. Die Schulden werden getilgt.«

Sie schauten sich nur eine Weile schweigend an.

Dann streichelte sie über seine braune Wange. »Wir wollen uns wieder vertrauen!«, sagte sie dann.

»Ja, Sali, du wirst sehen, dass alles wieder gut wird!«

Sie warf einen Blick auf die Uhr. »Du musst jetzt gehen, sonst kommst du noch zu spät!«, erinnerte sie ihn. »Nimm die Schlüssel zu dir!«

Er tat es, küsste sie und ging davon.

Auf der langen Hausbank saßen noch eine Weile die Dienstboten feierabendlich beisammen. Hin und wieder hörte man ihr Lachen bis herein in die Stube. Auch die helle Stimme Poldis hörte die Sali heraus.

Aber auf einmal war es draußen still geworden. Die Nacht fiel ein, die Leute suchten ihre Kammern auf.

Die Sali wunderte sich, dass der Poldi sich nicht blicken ließ. Schließlich ging sie hinaus und rief nach ihm, bekam aber keine Antwort.

Da kam der Florian hinter dem Haus hervor. Er musste dafür sorgen, dass am Abend alle Türen und Tore gut verschlossen waren.

»Florian!«, rief sie. »Hast du den Poldi gesehen?«

Der Knecht kam heran. »Er war eben noch da und saß mit uns auf der Bank«, sagte er.

»Wo mag er denn stecken? Schau doch nach, Florian!«

Der Knecht ging ins Haus und stieg die Treppe hinauf, die Bäuerin kehrte in die Stube zurück.

Aber es dauerte nicht lange, dann meldete der Florian, dass der Poldi im ganzen Haus nicht zu finden sei. »Vielleicht ist er drüben bei den Angestellten. Dort brennt noch Licht.«

»Das kann sein, Florian. Ich dank dir!«

Der alte Knecht wünschte ihr gute Nacht und ging davon.

Die Sali wartete noch eine Weile, als aber der Bub nicht kam, obwohl es jetzt für ihn höchste Zeit fürs Bett war, klopfte sie bei den Alten an.

Sie waren eben dabei sich zur Ruhe zu begeben.

»Was ist denn noch, Sali?«, fragte der alte Bauer verwundert, denn ohne besonderen Grund kam sie nicht mehr so spät zu ihnen.

»Ich suche den Poldi und kann ihn einfach nirgends finden.«

»Streunt er wieder einmal herum, der Strick?«

»Es ist jetzt schon ganz dunkel und ich ängstige mich!«

Die alte Bäuerin beruhigte sie. »Das hat er schon öfter gemacht und so klein ist er auch nicht mehr, dass er nicht heimfindet«, sagte sie. »Du brauchst dich deswegen nicht zu ängstigen!«

»Die Buben vom Halderhof streunen gern!«, lachte der Bauer. »Der Thomas war einmal genauso und ich fürchte, er hat sich immer noch nicht gebessert!«

»Ich habe die Verantwortung für den Buben, darum mache ich mir jetzt Sorgen«, sagte die junge Bäuerin.

»Du musst mit ihm strenger sein und ihn auch manchmal kräftig bei den Ohren ziehen, dann gehorcht er schon! Aber mach dir nur nichts daraus, er kommt schon! Vielleicht hat er sich schon ins Bett geschlichen, derweil du bei uns bist!«

Dass die beiden Alten sich gar keine Sorgen machten, beruhigte sie. Sie kehrte ins Haus zurück, ging die Treppe hinauf und schaute in Poldis Kammer. Aber er war nicht da.

Die Zeit verging und er kam nicht. Da war doch etwas nicht in Ordnung, das hatte er noch nie gemacht.

Sie schaute auf die Uhr. Eine ganze Stunde wartete sie jetzt schon und wurde immer unruhiger. Wenn bloß der Thomas da wäre, er könnte wenigstens nach ihm suchen!

Sie ging hinaus und um das Haus herum. Die Nacht war still und hell. Über den Bergen hing der Mond, man konnte sogar die Wälder erkennen. Aber sie konnte nicht glauben, dass der Poldi noch in den Wald gelaufen war.

Auch bei den Angestellten waren jetzt alle Fenster dunkel. Die Alten schliefen schon; sie hatten eine unerschütterliche Ruhe.

Schließlich kehrte sie in die Stube zurück, aber sie konnte jetzt nichts mehr arbeiten. Immer wieder horchte sie in die Nacht hinaus. Ihr Angst wuchs.

Und dann hörte sie plötzlich ein leises Klopfen am Fenster. Sie hatte die Tür abgesperrt und lief jetzt hinaus um sie zu öffnen.

Draußen stand der Poldi. Sie unterdrückte ihren Ärger und packte ihn am Arm.

Erst beim Licht der Lampe sah sie, dass sein Gesicht schweißbedeckt war. Keuchend stand er da und konnte kaum sprechen. Er musste rasch gelaufen sein.

»Wie kannst du mir bloß so etwas antun!«, schrie sie ihn an und war nahe daran, ihm ein paar saftige Ohrfeigen zu geben. »Wo kommst du überhaupt her?«

»Vom Dorf.«

»Was hast du jetzt in der Nacht noch im Dorf zu tun? Mach das bloß nicht noch mal!«

»Ich hab's für dich getan«, sagte jetzt der Bub und war dem Weinen nahe.

»Für mich?«, wunderte sie sich. »Was heißt das?«

»Ich bin dem Thomas nachgeschlichen, damit ich dir sagen kann, wohin er geht.«

Sie schaute ihn strafend an. »Habe ich dir nicht gesagt, dass du das nicht tun darfst? Wenn er dich dabei erwischt hätte, könnte ich gleich meine Sachen packen! Daran denkst du wohl nicht?«

»Aber er hat mich nicht gesehen!«

»Trotzdem verbiete ich es dir ein für alle Mal! Ich weiß sowieso, dass er zum Gemeindeamt gegangen ist.«

»Erst später, zuerst ging er zum Aniserhaus hinter der Sandgrube.«

Das war für die junge Frau eine bittere Enttäuschung. Sie ließ sich auf einen Stuhl nieder, als hätten ihre Beine keine Kraft mehr sie zu tragen.

Der Bub wischte jetzt mit dem Handrücken über seine schweißbedeckte Stirn und verschmierte den Staub über das ganze Gesicht.

Dann fing er an zu erzählen: »Der Fred stand schon in der Tür und wartete auf ihn. Sie gingen ins Haus und sperrten die Tür hinter sich zu. Zuerst war es ganz dunkel in der Stube, erst später machte jemand Licht und jetzt konnte ich zum Fenster hineinspitzen und beide sehen. Sie fingen an zu streiten und der Fred lachte den Thomas nur spöttisch aus. Auf einmal schlug der Thomas dem Fred die Hand ins Gesicht, dass der bloß so taumelte – aber dann sprang der Fred den Thomas an und krallte die Finger um seinen Hals, als wollte er ihn erwürgen.«

Der Poldi setzte ab und schnaufte.

»Und weiter?«, fragte die Sali.

»Jetzt hättest du den Thomas sehen sollen, wie wütend er geworden ist und welche Kraft er hat!«, fuhr der Bub begeistert fort. »Er riss Freds Hände von seinem Hals, holte aus und schlug ihn einfach nieder. Denk dir, mit einem einzigen Schlag! Wie ein Toter lag der Fred ausgestreckt auf dem Boden. Es dauerte lange, bis er sich wieder aufrappelte.«

»Und was geschah dann?«, fragte die junge Frau erregt, als der Poldi schwieg.

»Jetzt geschah nichts mehr. Der Fred wischte sich das Blut aus dem Gesicht und der Thomas warf Geld auf den Tisch und schrie: ›Das ist das letzte! Das nächste Mal schlag ich dich tot, du Hund!‹ Dann musste ich vom Fenster verschwinden, weil der Thomas gleich darauf herauskam und in Richtung Dorf lief.«

Die Sali schwieg, aber man sah ihr an, wie sehr die Erzählung sie erschreckt hatte.

»War es viel Geld, Poldi, das der Thomas dem Fred gab?«, fragte sie dann fast tonlos.

»Das weiß ich nicht.«

Das Gesicht der jungen Bäuerin war auf einmal so weiß geworden, dass der Poldi erschrak. Sie fuhr sich über die Augen, als wollte sie Tränen fortwischen.

»Was ist? Bist du krank?«, fragte er besorgt. »Soll ich die Mutter wecken?«

»Nein, nein, Poldi, es ist schon wieder gut. Komm, du musst dich jetzt waschen und sofort ins Bett!«

»Hör, Poldi, du darfst niemandem etwas davon sagen!«, beschwor sie ihn noch.

»Ich halte schon dicht.«

»Auch die Eltern dürfen nichts erfahren. Wenn du nur ein Wort sagst, muss ich euch verlassen und nach Schlehen zurückkehren!«

»Warum?«

»Das verstehst du nicht, Poldi. Und jetzt – marsch, ins Bett!«

Es kam ganz selten vor, vielleicht war es sogar das erste Mal, dass die junge Bäuerin nicht auf die Heimkehr ihres Mannes wartete. Nachdem sie den Poldi ins Bett geschickt hatte, brachte sie die Stube in Ordnung, löschte dann das Licht und legte sich ins Bett.

Aber sie konnte nicht einschlafen. Poldis Bericht hatte sie zutiefst aufgewühlt. Sie hatte fest daran geglaubt, dass Thomas auf irgendeine vernünftige und befriedigende Art und Weise mit diesem unseligen Treiben Schluss gemacht hätte, so, wie er es ihr versprochen hatte. Nun wurde ihr Vertrauen abermals auf eine harte Probe gestellt. Sie fühlte sich bitter enttäuscht.

Dazu kam nun noch die Angst, er könne einmal durch diese fortdauernden Erpressungen den Kopf verlieren und in seiner Verzweiflung eine schreckliche Tat begehen, vor der ihr schauderte. Sie kannte den Aniser nicht und wusste nicht, wie weit er seine Forderungen trieb, aber es konnte schon sein, dass er Kopf und Kragen riskierte, um zu Geld zu kommen, das er nicht durch Arbeit verdienen musste.

Was war überhaupt geschehen? Wodurch hatte Thomas sich dem Aniser ausgeliefert? Sie hatte ihm doch zugesichert, dass nichts aus seiner Vergangenheit ihr Vertrauen zu ihm erschüttern könnte. Was er auch einmal mit der schwarzen Ursel gehabt haben mochte, heute war er ihr Mann. Und sie war überzeugt, dass er ihr die Treue hielt; denn er liebte sie.

Sollte er dieser Ursel damals Versprechungen gemacht haben, die er einlösen musste, dann musste doch einmal damit ein Ende sein! Woher nahm der Fred den Mut, fortlaufend Geld zu fordern? Ging es um eine strafbare Handlung, die er dafür verschwieg?

Auf alle Fälle durfte sie jetzt nicht mehr in ihn dringen, sonst machte sie sich womöglich noch an einem Ende mit Schrecken schuldig. Denn die letzten Dinge waren schlimmer als die ersten. Sie musste ihm Zeit lassen, bis er endlich den Mut zu einem Geständnis fand, auch wenn diese Erpressergeschichte noch eine Weile dauern sollte.

Sie lag noch wach, als er heimkam. Er hielt sich nur

noch ganz kurz in der Stube auf, dann betrat er leise die Kammer.

Er machte Licht und schaute zu ihr her.

»Ist etwas nicht in Ordnung?«, fragte er, als er sie wach sah.

»Warum?«

»Ich meine bloß, weil du schon im Bett bist.«

»Ich war müde und rechnete damit, dass du spät kämst«, antwortete sie ruhig.

»Heute hat es einmal ausnahmsweise nicht so lange gedauert.«

Er zog sich aus.

»Oh! Dein Hemdkragen ist zerrissen! Wie lange denn schon?«, rief sie und richtete sich auf.

Er wurde sichtlich verlegen und betrachtete den beschädigten Kragen. »Das habe ich gar nicht bemerkt. Ich weiß nicht, wie das passiert ist«, sagte er dann.

Als sie dann nebeneinander lagen und noch nicht gleich einschlafen konnten, erzählte er ihr ein paar Neuigkeiten aus dem Dorf, die er erfahren hatte.

Sie wagte nicht ihm etwas von ihrer Angst und von ihren Sorgen zu sagen.

So blieb alles beim Alten. Die Zeit verging. Als das Heu eingebracht war, gab es eine Verschnaufpause in der strengen Erntearbeit, bis das Korn herangereift und das Grummet nachgewachsen war. Man durfte am Morgen eine Stunde länger schlafen und am Abend etwas früher das Werkzeug aus den Händen legen.

Thomas fuhr an manchen Tagen ins Hölltal und schaute nach seinem Wald und nach seiner Jagd. Er machte einen ruhigen Eindruck und so ahnte niemand im Halderhof, nicht einmal die junge Bäuerin, mit welchen finanziellen Schwierigkeiten er bereits zu kämpfen hatte. Er hatte sich so fest in der Gewalt, dass man ihm nichts davon anmerkte.

Der Geburtstermin rückte näher. Er war verantwortungsbewusst genug um in diesen letzten Wochen ihrer Schwangerschaft alle Aufregungen von ihr fern zu halten. Er wollte warten, bis das Kind geboren war, dann erst wollte er ihr alles sagen und mit ihr beraten, auf welche Weise er seine Schuld wieder gutmachen könnte, die er in seinem Leichtsinn auf sich geladen hatte.

Trotz dieser äußerlichen Ruhe und Gelassenheit, die er zur Schau trug, ahnte die Sali, welch schweren Kampf er mit sich selbst auszufechten hatte. Sie ließ ihn nicht mehr aus den Augen und beobachtete heimlich alle seine Schritte. Sie spürte, dass er oft nahe daran war, ihr ein Geständnis abzulegen. Aber die Scheu davor war dann doch stärker und er blieb weiterhin stumm. Wahrscheinlich war es ihr Zustand, der ihn davor zurückschrecken ließ, die Furcht, sie zu sehr aufzuregen, wodurch sie selbst oder das Kind zu Schaden kommen könnten.

Er schwieg um sie zu schonen und er zahlte das Schweigegeld an den Erpresser. Wenn er am Abend noch ins Dorf ging um angeblich an einer Sitzung teilzunehmen, wartete sie voll Sorge und düsteren Ahnungen auf seine Heimkehr. Und wenn er dann kam, beobachtete sie sein Gesicht und seine Hände, als müsste sie daran erkennen, ob er sich zu einer Untat hatte hinreißen lassen.

Und niemand ahnte, wie nahe das Ende der unseligen Geschichte bereits gekommen war.

Der Sommer hatte den Höhepunkt überschritten, hier und dort wurde bereits mit dem Einbringen des Grummets begonnen, auch um den Halderhof surrten die Mäh- und Wendemaschinen.

Da ging nach einer längeren Schönwetterperiode gegen Abend ein schweres Gewitter mit Hagelschlag nieder. Ein gewaltiger Sturm hatte morsche Bäume geknickt und die Dächer der Häuser aufgerissen. Von den Bergen rauschten die Wasser nieder.

Man atmete auf, als das Unwetter endlich abzog, das mancherorts erheblichen Schaden angerichtet hatte.

Die Dämmerung fiel früh ein, denn der Himmel war bedeckt und ließ ein längeres Regenwetter erwarten.

Thomas war mit einem jüngeren Knecht aufs Dach gestiegen um die schlimmsten Schäden auszubessern, damit es wenigstens nirgends hereinregnete.

Danach machte er sich fertig, weil er noch ins Dorf musste. Als die Leute sich zum Abendessen um den Tisch versammelten, war er nicht mehr da, wenigstens wurde er nicht mehr gesehen.

Aber er stand noch in der dunklen Stube und suchte seine Sachen zusammen. Vielleicht sah er deshalb so wild und abgehetzt aus, weil er eben noch auf dem Dach gesessen hatte um neue Ziegel einzusetzen, wo der Sturm die alten fortgerissen hatte. Sein Haar war zerzaust, sein Gesicht verstört.

Er stand vor dem schweren Geldschrank, in dem die Gemeindegelder lagen, und kämpfte gegen die Versuchung an, den Schrank zu öffnen und einen Teil des Geldes an sich zu nehmen. Und diese Versuchung bekam immer mehr Gewalt über ihn, sodass er doch den Schlüssel aus der Tasche holte und geräuschlos die Tür aufsperrte.

Dann hielt er ein Bündel Banknoten in der Hand, war aber immer noch unschlüssig, ob er sie einstecken sollte.

Er horchte hinaus in den Gang, wo die Leute beim Essen saßen und sich über das Gewitter unterhielten. Er hörte die Löffel, wenn sie gegen die Schüsseln und Teller stießen.

Er schaute auf das Geld, das ihm nicht gehörte!

Er stand noch unschlüssig da, als das Tischgebet gesprochen wurde. Gleich darauf polterten die Schritte auf den Gangbohlen.

Da ging plötzlich die Tür auf. Er konnte gerade noch das Geld in den Schrank zurückwerfen, die Tür absperren und den Schlüssel zu sich nehmen, als auch schon das Licht eingeschaltet wurde.

Er sah sich seiner Frau gegenüber und wusste nicht, was er sagen sollte. Er stand da, wie bei unrechter Tat ertappt.

»Du bist ja noch da?«, rief sie verwundert.

»Ich musste noch einmal zurück, weil ich etwas vergessen hatte«, sagte er.

»Das Geld?«, fragte sie doppelsinnig.

»Nein, nicht das Geld.«

Er wich ihrem Blick aus und griff nach dem Hut.

Sie erkannte sogleich, dass er in Bedrängnis war. Als er gehen wollte, vertrat sie ihm den Weg. »Bleib daheim, Thomas!«, bat sie.

Er schaute sie verwirrt an. »Das geht nicht, Sali; ich muss zu einer Sitzung!« Er warf einen Blick zur Uhr. »Ich bin schon zu spät daran!«

»Ich fürchte, dass du zum Aniser gehst!«

»Was sollte ich bei ihm?«

»Ich weiß es nicht. Bitte, Thomas, bleib da! Ich sehe dir an, dass du etwas vorhast!«

»Ich? Ich habe mit dem Fred gar nichts vor!«

»Ist das wahr? Bitte, versprich mir, dass du nicht zu ihm gehst!«

»Ja, ich verspreche es dir, wenn du willst!«

Sie schien etwas beruhigt. Er klopfte ihr ermutigend auf die Wange.

»Das ist vorbei, Sali, ein für alle Mal! Glaube mir!«

Sie glaubte ihm.

Er ging jetzt rasch davon.

Sie folgte ihm bis vor die Tür hinaus. Immer noch fiel der Regen und in den Bäumen rauschte der Wind.

»Du solltest wenigstens den Umhang mitnehmen oder mit dem Auto fahren!«, rief sie ihm nach.

»Ach wo! Das bisschen Regen und Wind tun mir nichts!«, rief er zurück und eilte weiter.

Für die Ursel war heute der Weg ins Dorf kein reines Vergnügen. Sie war später dran, weil sie das Unwetter abgewartet hatte. Gegen Wind und Regen trug sie einen wasserdichten Umhang mit Kapuze, die sie tief über die Stirn gezogen hatte. Sie bereute es, überhaupt den Weg gemacht zu haben. Es wurde früh dunkel und auf der Straße standen Pfützen. Vielleicht war der Fred gar nicht daheim und sie machte den Weg wieder einmal ganz umsonst.

Aber als dann später der Regen aufhörte und nur noch der Wind gegen ihr Gesicht schlug, schritt sie munter weiter.

Über den Himmel jagten schwere dunkle Wolken, hinter denen ab und zu der Mond hervorkam und für eine Weile sein weißes Licht über die Erde ausgoss.

Die Ursel wusste genau die Stelle, von der aus man das erste Mal das Haus hinter der Sandgrube erblickte, und sie stellte fest, dass dort Licht brannte. Der Fred war also daheim. Sicher wartete er auf sie und fürchtete, dass sie bei dem Wetter vielleicht nicht käme.

Dem einsamen Haus näher gekommen, stellte sie fest, dass der Vorhang zugezogen war. Man konnte keinen Blick in die Stube werfen. Eine Schlagermelodie drang heraus, der Fred unterhielt sich mit Schallplatten.

Die Tür war unverschlossen, sie konnte sie geräuschlos öffnen und nach der Klinke der Stubentür tasten; denn sie wollte ihn überraschen, weil er sie wahrscheinlich nicht mehr erwartete.

Mit einem spitzbübischen Lächeln öffnete sie die Tür, aber dieses Lächeln verschwand sogleich aus ihrem Gesicht und machte einer entrüsteten Miene Platz.

Der Fred saß zwar auf dem Kanapee, aber er war nicht allein. Neben ihm und dicht an ihn gedrängt saß eine fremde Frau mit rötlichem Haar, das ihr bis über die Schultern herabhing. Mit einem herausfordernden Lächeln schaute die Fremde ihr entgegen.

Aber die Ursel wandte ihren Blick dem Fred zu, der seinen Arm um die Hüften der Fremden gelegt hatte und keinerlei Anstalten machte, die Vertraulichkeit zu verbergen. Er zeigte ihr nur ein unverschämtes Lächeln.

Auf dem Tisch standen ein paar geleerte Weinflaschen und zwei halb gefüllte Gläser. Die Luft war angefüllt von Zigarettenrauch.

»Was schaust denn so sparsam?«, fragte der Fred. »Nett, dass du gekommen bist, dann kann ich dir gleich meine neue Freundin vorstellen.«

»Das kannst du dir sparen!«, entgegnete die Ursel verächtlich. »Es interessiert mich nicht.«

Er lachte belustigt auf. »Was ärgert dich denn so, Ursel? Daran wirst du dich gewöhnen müssen, dass wir ab und zu einen netten Gast bei uns haben!«

Einen netten Gast! Das war ja noch schöner!

»Geh in den Keller und hol noch eine Flasche Wein herauf, Ursel, damit wir unsere Freundschaft gleich begießen können!«, sagte der Fred.

Sie rührte sich nicht vom Fleck und schaute ihn nur wütend an.

»Wein sollst du holen!«, schrie er jetzt. »Bist du vielleicht schwerhörig geworden?«

»Hol ihn doch selber! Ich bin nicht deine Bedienung!«, erwiderte sie im gleichen Ton.

Sie fühlte sich nicht nur betrogen und belogen, sondern obendrein auch noch zutiefst beleidigt.

»Du Schuft!«, stieß sie hervor.

Aber es rührte ihn nicht. »Du tust mir Unrecht, denn ich bin nicht zu dir gekommen, sondern du kommst zu mir! Oder ist es nicht so?«

»Jetzt kenne ich deine Geschäfte: Mit Dirnen ziehst du herum!« Ihre schwarzen Augen funkelten.

Jetzt sprang er auf, als wollte er sich auf sie stürzen. Aber sie griff blitzschnell nach einer Flasche und es bestand kein Zweifel darüber, dass sie ihm diese auf den Kopf schlagen würde, wenn er ihr näher kommen sollte.

»Wenn es dir hier nicht gefällt, kannst du jederzeit gehen«, knirschte er. »Es hält dich niemand. Ich habe es allmählich satt, dass du mir jede Woche ins Haus gelaufen kommst!«

Die Fremde lachte laut auf.

Das schlug dem Fass den Boden aus. »Jawohl, ich gehe!«, schrie die Ursel. »Aber du wirst nicht mehr froh werden, das schwöre ich dir, du erbärmlicher Erpresser!«

Sie warf die Flasche vor seine Füße, dass sie zersplitterte, stürzte hinaus und knallte die Tür zu.

Er verstand ihre Drohung und er wusste auch, dass sie in ihrer Wut zu allem fähig war. Deshalb lief er ihr nach, konnte sie aber nicht mehr sehen, nur ihre Schritte waren noch zu hören, die sich flink entfernten.

Er kehrte in die Stube zurück, schob mit dem Fuß die Scherben der Flasche beiseite und stieß einen Fluch aus. »So ein Biest! Man sollte sich nie mit solchem Pack einlassen!«

Die Fremde lachte vor sich hin. Die Szene schien ihr Spaß gemacht zu haben. »Sie ist bloß ein bisschen eifersüchtig geworden!«, sagte sie. »Das vergeht schon wieder!«

Aber er wurde unruhig und lief hin und her. »Sie ist imstande und macht eine Dummheit, die uns alle in die größten Schwierigkeiten bringt!«, schimpfte er. »Ich kenne sie gut genug und weiß, wozu sie fähig ist in ihrer Rachlust!«

»Sie wird sich nicht gleich umbringen!«

»Das nicht, aber sie stellt etwas viel Schlimmeres an!«

Plötzlich holte er seine Jacke vom Nagel und setzte den Hut auf. »Ich muss ihr nach!«, entschloss er sich. »Ich kann mir gut denken, wohin sie jetzt rennt!«

»Lass sie doch laufen!«, meinte seine neue Bekanntschaft gleichmütig.

»Ich erwarte einen Kunden, der einen größeren Geldbetrag an mich zu bezahlen hat. Durch das Gewitter hat er sich verspätet. Sollte er inzwischen kommen, dann nimm du das Geld in Empfang!«

»Wenn er es mir aber nicht gibt?«

»Du sagst, dass du empfangsberechtigt bist. Er gibt es dir schon, denn er ist bloß ein ungehobelter Bauer. Ich bin bald zurück. Wenn du noch etwas trinken willst, im Keller steht Wein. Zigaretten sind auch da. Kannst ja das Grammophon anstellen, wenn es dir langweilig werden sollte.«

Er hatte es plötzlich eilig und hastete davon. Laut fiel die Tür zu.

Der Fred hatte nur die eine Angst, die Ursel könnte den Weg zur Polizei genommen haben. Es war nicht das erste Mal, dass sie diese versteckte Drohung hatte laut werden lassen, und bei ihrem Temperament und ihrer Kopflosigkeit musste man damit rechnen, dass sie ihn wegen seiner Verbrechen doch einmal bei der Polizei anschwärzen würde. Das musste er verhindern.

In Daxen gab es keine Polizeistation, die Beamten waren in dem größeren Nachbarort, im Marktflecken Point, stationiert.

Er war etwa fünf Kilometer entfernt, trotzdem nahm der Fred seinen Weg dorthin, er hätte sonst keine Ruhe mehr gefunden. Vielleicht konnte er ein Auto anhalten, das ihn mitnahm.

Andernfalls musste er die ganze Strecke laufen um ihren Vorsprung einzuholen. Es war eine einsame, kleinere Verbindungsstraße, die nach Markt Point führte. Er hatte kein Glück, denn um diese Zeit fuhr kein Auto mehr, auch konnte er die Ursel nicht einholen.

Vielleicht war sie doch in das Seecafé zurückgegangen?

Er hatte keine Ruhe und hastete weiter. Ab und zu schlug ihm kalter Regen ins Gesicht, wenn eine schwarze Wolke über ihn hinwegzog.

Aber dann kam wieder der Mond hervor und leuchtete hell ins Tal.

Die Polizeistation war gleich am Eingang des Ortes. Hell fiel das Licht aus dem Fenster der Wachstube. Es rührte sich nicht mehr viel auf der Straße. Manchmal tauchten die Scheinwerfer eines Autos auf oder ein einsamer Bürger befand sich auf dem Heimweg.

Der Fred streckte sich zum Fenster der Wachstube und schaute hinein. Zwei jüngere Beamte saßen am Tisch, blätterten in Akten und machten Notizen. Es schien nichts Besonderes los zu sein, sie saßen nur da und machten ihren Nachtdienst um auf dem Sprung zu sein, wenn irgendetwas geschah.

Wo aber steckte die Ursel? Hatte er sich doch von seiner Phantasie narren lassen?

Aber da kam ihm noch ein anderer Gedanke, der ihn fast noch mehr beunruhigte. Er war der Ursel gegenüber zu redselig gewesen, besonders, wenn der Alkohol ihm zu Kopf gestiegen war. Sie wusste zu viel, sie wusste auch, dass oben im Drachenloch der Stutzen lag, das einzige Beweisstück, das es gab, um den Bauern vom Halderhof unter Druck setzen zu können.

Ein Wunder, dass der Thomas den Stutzen nicht längst weggeschafft hatte; denn so hätte er alles ableugnen können, was er ihm vorhalten konnte. Es gab keinen Zweifel, dass man dem Bauern mehr Glauben geschenkt hätte als ihm, dem verrufenen Hausierersohn.

Aber der Thomas war nicht schlau genug, er war eben doch nur ein einfältiger Bauer.

Der Fred erinnerte sich plötzlich daran, dass die Ursel einmal gefragt hatte, ob er wohl den Halderbauern in seine Gewalt gebracht hätte, wenn es diesen Beweis nicht gäbe. Er hatte sich nicht viel dabei gedacht, denn wem sollte es schon einfallen, in das Kar abzusteigen und nach dem Stutzen zu suchen! Man riskierte dabei Kopf und Kragen.

Aber jetzt sah er die Sache plötzlich mit ganz anderen Augen an. Er hätte längst den Stutzen an sich bringen sollen. Wie viel Geld hätte der Thomas dafür bezahlt um ihn einzulösen! Ein Vermögen wäre da für ihn herausgesprungen.

Und jetzt bestand die Gefahr, dass die Ursel in ihrer Rachlust seinen Plan durchkreuzte. Sie war zu allem fähig, sie würde nicht einmal davor zurückschrecken, selbst in das Drachenloch zu steigen, wenn sie ihn dadurch erledigen könnte.

Er schaute auf das aufgerissene Gewölk, aus dem der Mond hervorbrach.

Heute Nacht noch musste er den kostbaren Stutzen aus dem Drachenloch holen. Dann konnte ihm nichts mehr passieren.

Umgeben von Stille und Dunkelheit lag der Halderhof im Schutz des Berges und der Wälder. Ab und zu ging ein leiser Regen nieder, nur ganz kurz, weil der Wind die Wolke rasch abtrieb. Dann tropften noch eine Weile die Bäume.

Obwohl es schon sehr spät war, brannte in der Stube noch Licht. Die junge Bäuerin wartete auf die Heimkehr ihres Mannes und verbrachte die Zeit mit Näharbeiten.

Aber sie schaffte nicht viel, immer wieder ließ sie die Hände sinken und schaute vor sich nieder. Sie horchte ängstlich in die Stille hinein und war voller böser Ahnungen.

Sie hatte das Gefühl, als müssten in dieser Nacht noch schreckliche Dinge geschehen.

Wenn doch der Thomas nur endlich heimkäme! Er hatte sie, als er wegging, so seltsam angeschaut, als wollte er sie für alles, was er ihr angetan hatte, um Verzeihung bitten. Oder war es für das, was er zu tun beabsichtigte?

Sie erschrak bis in die Seele hinein, als plötzlich

leise ans Fenster geklopft wurde. Brachte man ihr jetzt die Nachricht, wovor sie die ganze Zeit gebangt hatte?

Ihre Knie zitterten, als sie hinausging und die Tür öffnete.

Ein Mädchen stand draußen, die Kapuze ihres Umhangs tief über die Stirn hereingezogen.

Ihr Gruß war leise und scheu.

»Bitte, was wollen Sie?«, fragte die Bäuerin.

»Kann ich den Bauern sprechen?«

»Der Bauer ist nicht da, ich kann auch nicht sagen, wann er heimkommt«, antwortete die Bäuerin.

Das Mädchen zögerte. »Ich bin die Ursel vom Seecafé«, stellte sie sich dann vor.

Die Ursel! Die Bäuerin hatte das Gefühl, als stocke das Blut in ihren Adern. Dann aber nahm sie sich zusammen. Wie lange hatte sie gewünscht, mit diesem Mädchen einmal sprechen zu können, um endlich zu erfahren, was überhaupt los war!

»Kommen Sie herein!«, sagte sie freundlich.

Die Ursel folgte ihr in die Stube.

»Nehmen Sie Platz!«, wurde sie aufgefordert.

Die Ursel schob die Kapuze zurück und ordnete ihr schwarzes, etwas feucht glänzendes Haar.

Neidlos stellte die Sali fest, dass sie ein ungewöhnlich hübsches Mädchen war.

»Wollen Sie sich nicht setzen?«, fragte die Bäuerin, als die Ursel immer noch stand.

»Danke! Aber ich habe nicht viel Zeit.«

»Ich kann mir zwar nicht denken, was Sie zu meinem Mann führt, aber wenn ich Sie so ansehe, etwas Schlechtes kann es nicht sein.«

»Gewiss nicht! Ich wollte ihn bloß auf etwas aufmerksam machen.«

»So?«, staunte die Sali. »Hat er vielleicht vergessen, seine Zeche zu bezahlen?«, fragte sie lächelnd.

»Nein, das nicht, es handelt sich um ein ganz gemeines Verbrechen, das an ihm begangen wird.«

Die Sali schaute gespannt auf. »Um ein Verbrechen? Wer sollte ein Verbrechen an ihm begehen?«

Die Ursel schaute sie an, als könnte sie nicht an so viel Ahnungslosigkeit glauben. »Wissen Sie denn nichts davon?«, fragte sie.

»Nein.«

»Er wird erpresst!«

Das Gesicht der Bäuerin blieb unbewegt, als ginge sie das alles gar nichts an. »Was Sie nicht sagen!«, ließ sie dann hören und schüttelte den Kopf. »Und von wem soll er erpresst werden?«

»Vom Aniser Fred. Ich weiß nicht, ob Sie ihn kennen.«

»Ich kenne ihn nur vom Sehen, aber gehört habe ich schon viel von ihm. Irgendwann einmal wurde davon gesprochen, dass er sich verlobt habe und demnächst heiraten wolle.«

Die Ursel lachte verbittert auf. »Der und heiraten!«, rief sie. »Ein Lügner ist er, ein Betrüger, ein Verbrecher! Jede Frau wäre zu bedauern, die mit ihm zusammenleben müsste! Ja, ich bin auf seine Lügen und Schmeicheleien hereingefallen, aber es kamen mir bald Bedenken und jetzt weiß ich, dass er nur ein niederträchtiges Spiel mit mir trieb! Wenn ich auch aus dem Armenhaus komme, wo mich meine Großmutter großgezogen hat, weil ich meine Eltern nicht kennen gelernt habe, bin ich doch nicht so schlecht, dass ich auch nur einen Tag noch dieses verbrecherische Treiben mit ansehe!« Sie brach plötzlich in Tränen aus, die aber mehr der Wut als dem Schmerz entsprangen.

»Es ist mir Leid, dass Sie eine so bittere Erfahrung machen mussten«, sagte die Bäuerin. »Aber was hat das alles mit meinem Mann zu tun?«

»Ich sagte es schon: Er wird von dem Aniser Fred erpresst. Er hat es mir selbst gesagt, dass er sich für sein Schweigen laufend vom Halderhofer bezahlen lässt. Ich habe mich mitschuldig gemacht, weil ich den Fred nicht von seinem Tun abbringen konnte, obwohl ich es oft versuchte, und jetzt möchte ich etwas gutmachen!«

Die Sali war aufgestanden, sie konnte nicht mehr stillsitzen. Eine Weile stellte sie sich abgewandt vor das Fenster. Sie musste erst einmal darüber nachdenken, was sie gehört hatte.

Hinter ihr schneuzte sich die Ursel geräuschvoll. Sie war wütend über die Tränen, die ihr hervorgebrochen waren.

Die Bäuerin drehte sich zu ihr um. »Dann sagen Sie mir wenigstens auch, weshalb mein Mann von diesem Fred erpresst werden kann. Er muss doch etwas getan haben, das nicht an die Öffentlichkeit kommen darf!«

Jetzt hatte die Ursel Hemmungen. Sie begriff, dass die Bäuerin völlig ahnungslos war. Sie fürchtete sich davor, ihr die Wahrheit zu sagen, denn wenn schon der Thomas sich scheute ihr seine Schuld einzugestehen und lieber das viele Geld bezahlte um seiner Frau diesen Kummer zu ersparen, durfte sie es erst recht nicht tun. Sie hatte kein Recht dazu, in seine Ehe ein Zerwürfnis zu tragen und sie wollte es auch nicht. Sie durfte auch deshalb nichts sagen, weil die Bäuerin hochschwanger war.

»Das weiß ich nicht«, antwortete sie zögernd.

Die Sali war damit nicht zufrieden. »Sie sind gekommen um meinen Mann auf etwas aufmerksam zu machen. Aber Sie sehen, er ist leider nicht da und es kann noch sehr lange dauern, bis er zurückkommt. Kann ich ihm etwas ausrichten?«

Die Ursel schwieg und überlegte. »Bitte, sagen Sie ihm, dass ich alles gutmachen werde, was ich mitverschuldet habe!«

Sie zog jetzt die Kapuze wieder über den Kopf. »Darf ich jetzt gehen, Bäuerin? Ich muss noch zurück zum Seecafé.«

»Jetzt? Mitten in der Nacht?«

»Es bleibt mir nichts anderes übrig.«

»Sie können bei uns bleiben und morgen früh hinübergehen.«

»Nein, das geht nicht! Gute Nacht, Bäuerin, und nichts für ungut!«

»Nur noch eine Frage, Ursel: Sie kommen doch direkt vom Aniser?«

»Ja. Ich war zuerst auf dem Weg nach Markt Point, kehrte aber dann wieder um, weil es doch zu spät werden würde.«

»Haben Sie meinen Mann beim Aniser gesehen?«

»Nein. Ich glaube auch nicht, dass er heute dort war!«

Die Sali nickte zufrieden. »Bevor ich meinen Mann kennen lernte, bestand zwischen Ihnen und ihm doch so etwas wie eine Liebschaft? Wenigstens hat er einmal davon gesprochen.«

»Ob es gerade eine Liebschaft war? Wir trafen uns manchmal, er kam auch öfter ins Seecafé. Aber es war für uns von Anfang an klar, dass wir uns niemals heiraten könnten. Ich bin keine Bäuerin und kann auch niemals eine werden. Wenn man aus dem Armenhaus stammt, dann darf man sich keine solchen Hoffnungen machen!«

»Er hat Ihnen nie etwas versprochen?«

»Nein. Was sollte er mir versprechen? Vielleicht die Heirat?«

»Aber es muss doch etwas gewesen sein, dass man von ihm Schweigegeld fordern kann!«

»Fragen Sie ihn das lieber selbst!«

Als die Ursel den einsamen Berghof verließ und gegen das Gebirge anstieg, merkte sie nicht, dass ihr lautlos wie ein Schatten eine Gestalt folgte, die sich hinter den Bäumen versteckt gehalten hatte.

Es ging schon auf Mitternacht zu, als im versteckt gelegenen Forsthaus von Daxen der Förster und sein Jagdgehilfe vor dem Schachbrett saßen. Die Burgl hatte sich längst in die Federn verkrochen und dann war niemand mehr da, der sie an die Zeit erinnerte, das Schachbrett einfach vom Tisch wegnahm und dem verbissenen Spiel ein Ende setzte.

Hinter dem Ofen lagen die beiden Dackel und schnarchten, blinzelten aber sofort hervor, wenn sie irgendetwas hörten, was sie in ihrer Ruhe störte.

Und auf einmal fuhren die Hunde auf und bellten wütend zum Fenster hinauf.

Die beiden Spieler schauten sich verwundert an.

»Nanu! Was ist denn auf einmal los? Kommt noch jemand?«, sagte der Förster und rief die Hunde zur Ruhe. Aber sie wollten nicht hören und schlichen immer wieder knurrend zum Fenster.

»Es muss doch noch jemand in der Nähe sein!«, sagte der Förster und schaute auf die Uhr. »Aber so spät noch? Schauen Sie einmal nach, Walser!«

Als der Forstgehilfe zurückkam, brachte er den Bauern vom Halderhof mit, der sofort von den Hunden kläffend angesprungen wurde. Der Förster befahl die Tiere auf ihr Lager zurück.

Dann waren sie endlich wieder ruhig, sodass man sprechen konnte.

»Du, Thomas? Was ist denn los?«, rief der Förster. »Ist denn etwas mit der Sali?«

Thomas schüttelte den Kopf. Er sah verwildert aus. Sein Haar war zerzaust, die Kleidung beschmutzt und vom Regen durchnässt, als wäre er schon stundenlang in der Nacht herumgerannt.

Der Förster und sein Gehilfe wechselten einen fragenden Blick.

»Entschuldigen Sie, dass ich so spät komme! Aber ich muss mit Ihnen sprechen!«, sagte jetzt der Bauer und blickte auf den Forstgehilfen, als störe ihn dessen Anwesenheit.

»Bitte! Was gibt es denn?«, erwiderte der Förster und bot ihm Platz an.

»Wenn es geht, unter vier Augen.«

»Natürlich! Wir wollten sowieso eben Schluss machen.«

Der Förster gab seinem Gehilfen einen Wink, der dann auch gleich gute Nacht wünschte und die Stube verließ.

Eine Weile noch saßen der Förster und Thomas einander schweigend gegenüber und es hatte den Anschein, als müsste Thomas sich erst überlegen, wie er beginnen sollte.

»Jetzt sind wir allein, Thomas. Was ist denn nur geschehen?«

»Ich hätte schon längst zu Ihnen kommen müssen«, begann der Bauer endlich und schaute auf seinen Hut nieder, den er in den Händen drehte. »Einmal kommt es doch an den Tag und dann ist es vielleicht zu spät. Bis jetzt weiß die Sali noch nichts davon, ich habe es ihr verschwiegen, weil ich Angst hatte, ich könnte ihre

Liebe verlieren, wenn ich ihr meine Schuld eingestehen würde. Und wir kriegen ja ein Kind und ich fürchtete, ich könnte sie so sehr erschrecken, dass Mutter und Kind einen Schaden nehmen könnten. Also habe ich wieder geschwiegen. Aber da ist der junge Aniser, der dahinter gekommen ist. Er wartete mit seinen Erpressungen, bis ich den Halderhof übernommen und geheiratet hatte; denn vorher hätte er keine Forderungen stellen können.« Er machte eine Pause und atmete ein paar Mal schwer auf.

»Ich habe noch keine Ahnung, wovon du überhaupt sprichst, Thomas!«, sagte der Förster.

»Ich spreche von dem Wilderer, der Sie niedergeschossen hat!«

Die Augen des Försters wurden größer. »Und?«

»Dieser Wildschütz bin ich!«

»Aber Thomas!«

Nun war es eine Weile so still in der Stube, dass man den Wind hören konnte, der am Fenster vorbeifegte.

»Ich weiß nicht, was mit mir los gewesen ist. Es gab für mich keine größere Freude, als das Wild zu beobachten, ihm nachzustellen, ohne auch nur einmal den Wunsch zu haben, darauf ein Gewehr anzulegen. Im Winter lockte ich die Hirsche bis an unser Haus heran und legte Futter aus. Ein paar Tiere hatte ich sogar so weit, dass sie mir aus der Hand fraßen. Aber im Herbst, wenn Brunftzeit ist und das Röhren durch die Wälder hallt, da packt es mich jedes Mal mit unwiderstehlicher Gewalt, die wilden Burschen anzuschleichen und durch einen Schuss ein paar kämpfende Rivalen auseinander zu treiben. Ich weiss nicht, was da in mir vorgeht, Förster, aber ich musste es einfach tun, obwohl es streng verboten war. Ich will das Wild nicht töten oder gar rauben, ich muss einfach dabei sein, wenn der Bergwald ruft.«

Der Förster schwieg und wartete geduldig auf die Fortsetzung des ungeheuerlichen Geständnisses.

»Schon von Kindheit an übten die Berge und die Wälder diesen Zauber auf mich aus, vielleicht, weil der Halderhof so einsam liegt«, fuhr Thomas fort. »Und ich war immer allein, Förster! Ich hatte keine Brüder, keine Geschwister, mit denen ich hätte spielen können. Als der Poldi geboren wurde, war ich schon aus der Schule. Erst vor ein paar Jahren fand ich den Stutzen im Gerümpel auf dem Dachboden. Ich glaube, dass kein Mensch mehr davon wusste. Ich entrostete und ölte ihn und besorgte mir die Munition dazu. Ich hatte eine wilde Freude, als ich den ersten Schuss daraus abfeuern konnte. Es hatte mich eine verfluchte Leidenschaft gepackt. Aber wenn Sie mich jetzt fragen, was ich mir denn gedacht hätte, als ich Sie niederschoss, kann ich es nicht sagen. Und als es geschehen war, fiel es mir wie Schuppen von den Augen. Jetzt erst erkannte ich, was ich getan hatte. Ich sah Sie auf der Erde liegen, hörte Ihr Stöhnen und fürchtete, zum Mörder geworden zu sein. Ich riss mein Hemd vom Leib und machte daraus ein paar Fahnen um einen Notverband anzulegen. Dann lief ich davon, warf meinen Stutzen hinab ins Drachenloch. Denn jetzt musste es für alle Zeiten vorbei sein mit diesem verbrecherischen Spiel. Ich habe nicht gewusst, dass der Aniser Fred mir dabei zugesehen hatte. Er hat geschwiegen, aber dafür musste ich bezahlen!«

Er bedeckte sein Gesicht mit den Händen und brach völlig zusammen.

Der Förster saß steif da und schwieg.

»Ich weiß, dass ich meine Tat sühnen muss, und ich

will sie sühnen!«, begann Thomas wieder mit fast gebrochener Stimme. »Ich wollte nur so lange warten, bis die Sali die Geburt hinter sich hat.«

Wieder gab es eine längere Pause.

»Aber jetzt sehe ich, dass ich nicht mehr so lange warten kann und darf, wenn das Unglück nicht noch viel größer werden soll. Ich bin am Ende, Förster, und kann es nicht mehr länger ertragen. Die ganze Nacht bin ich schon unterwegs um den Fred zu finden. Es war ein Glück, dass ich ihn nicht fand. Sonst hätte ich ihn umgebracht. Ich habe Angst vor mir selber!«

Er stand auf. »Ich wollte Sie nur um Verzeihung bitten, Förster, und ich danke Ihnen, dass Sie mich anhörten. Ich danke dem Herrgott dafür, dass Sie am Leben geblieben sind! Und jetzt gehe ich zur Polizei und stelle mich, bevor ich den Aniser Fred umbringe. Bitte, Förster, gehen Sie morgen zur Sali und sagen Sie ihr alles!«

»Nein, Thomas!«, widersprach der Förster, der endlich seine Fassung wieder gefunden hatte. »Du gehst jetzt sofort heim und tust, als wäre nichts geschehen. Ich muss es erst einmal verdauen und dann erst werden wir überlegen, was wir tun können. Warte also meine Antwort ab!«

In der Stube des alten Hauses hinter der Sandgrube brannte noch Licht, als am Himmel bereits das erste Morgengrauen zu erkennen war und ein Beamter der Polizei sich dem Haus näherte. Die Tür war nicht verschlossen, er konnte ungehindert eintreten.

Aber zu seiner Verwunderung traf er nur eine rothaarige Frau an. Sie kauerte auf dem Kanapee und hatte offenbar geschlafen, denn sie starrte den Beamten aus großen Augen verwirrt an. Die Fremde schüttelte ihr langes Haar und versuchte ein entschuldigendes Lächeln.

»Ich bitte um Entschuldigung, aber ich suche den Fred Aniser. Wo finde ich ihn?«, fragte der Beamte. »Sagen Sie jetzt bloß nicht, dass er nicht daheim ist!«

Sie stand auf und streckte sich. »So Leid es mir tut, aber ich kann Ihnen nichts anderes sagen, als dass er schon mehrere Stunden weg ist, und ich sitze hier und warte auf ihn! Kein Wunder, wenn man dabei einschläft.«

»Wohin ist er gegangen?«

»Das hat er mir nicht gesagt.«

Der Polizist ließ seinen Blick durch die Stube wandern. Er sah die Unordnung, auf dem Boden lagen die Scherben einer Flasche. Dann ging er hinaus und durchsuchte das ganze Haus.

Als er zurückkehrte, lachte sie ihm spöttisch entgegen. »Sie können mir ruhig glauben, er ist nicht daheim!«

»Wer sind Sie überhaupt und was tun Sie hier?«, fragte er amtlich.

Sie nannte ihren Namen.

»Wohl eine Freundin?«

»Vielleicht sogar etwas mehr«, erwiderte sie frech.

»Gar die Braut?«

»Wenn Sie es so nennen wollen.«

Er machte ein paar Notizen. »Wenn der Aniser zurückkommt, können Sie ihm sagen, dass er sich bei der Polizei melden soll, und zwar sofort. Dadurch kann er sich die Abholung sparen.«

»Liegt etwas gegen ihn vor?«, fragte sie, neugierig geworden.

»Das erfahren Sie später.«

Der Polizist ging wieder davon.

Kaum waren seine Schritte verhallt, kam plötzlich Leben in die junge Frau. Eilig machte sie sich fertig, öffnete die Tür und horchte hinaus. Dann löschte sie das Licht und machte sich davon. Mit der Polizei wollte sie nichts zu tun haben. Mochte der Fred allein damit fertig werden.

Als am folgenden Morgen der Förster beim Frühstück saß, läutete das Telefon. Walser hatte bereits das Haus verlassen und die Burgl schüttelte in den Schlafkammern die Betten.

»Forstverwaltung Daxen«, meldete sich der Förster.

»Hier spricht die Polizei Markt Point«, kam es aus der Leitung. »Sind sie selbst am Apparat, Herr Förster?«

»Ja, ich bin Förster Schramm.«

»Einen Augenblick, Herr Förster; es will jemand mit Ihnen sprechen.«

Nach kurzer Pause meldete sich Thomas. »Ich bin hier, Förster, und habe mich gestellt. Es ging nicht mehr anders.«

»Bist du denn wahnsinnig?«, rief der Förster bestürzt. »Ich hab dir doch gesagt, dass du warten sollst!«

»Ich konnte nicht mehr länger warten. Entweder begehe ich einen Mord oder ich bringe mich und mein ganzes Haus in Schande wegen Veruntreuung. Bitte, Förster, gehen Sie zu meiner Frau! Sie wird große Sorgen haben, weil ich nicht heimgekommen bin. Sagen Sie ihr alles so, dass sie nicht gleich zu Tode erschrickt!«

Der Förster war sprachlos.

»Danke!«, beendete Thomas das Gespräch. Ein Klicken verriet, dass er eingehängt hatte.

Ein paar Stunden ging der Förster in den Wäldern herum, bis er sich so weit vorbereitet hatte, den Halderhof zu betreten. Um das Gehöft herum war kein Mensch zu sehen, die Leute befanden sich alle draußen auf den Feldern bei der Arbeit. Auf dem umzäunten Anger weidete das Vieh.

Eben kam die Magd zur Tür heraus. In einer Hand trug sie einen Korb, in der anderen eine große Kanne. Sie wollte Essen und Trinken aufs Feld bringen.

Die Bäuerin war allein daheim. Sie arbeitete in der Küche, aus der sie eben die Magd weggeschickt hatte. Ihr Gesicht war bleich und übernächtig. Die Augen verrieten die Spuren der Tränen, die sie in ihrer Angst geweint hatte.

Als der Förster bei ihr eintrat, stand sie am Fenster und schaute hinaus auf die Straße. Sie wartete nicht nur auf die Heimkehr ihres Mannes, sondern auch auf den Poldi, den sie in der Frühe ins Dorf geschickt hatte um ein paar Besorgungen zu machen. Er sollte längst zurück sein.

»Ach, Förster, ich weiß nicht, was ich tun soll! Der Thomas ging gestern Abend nach dem Gewitter noch weg und ist jetzt noch nicht zurückgekommen!«, jammerte sie. »Da muss doch irgendetwas passiert sein! Noch weiß niemand etwas davon, nicht einmal seine Eltern. Ich habe es ihnen verschwiegen. Jetzt sind sie auf dem Feld. Wenn er nur endlich käme!«

»Er wird nicht kommen, Sali«, antwortete der Förster zögernd. »Es tut mir Leid, dass ich es dir sagen muss.«

Sie schaute ihn fassungslos an. »Was ist denn bloß los! Bitte, Förster, so sprechen Sie doch!«

»Gehen wir in die Stube! Ich erzähle dir dann alles ausführlich.«

Sie gingen in die Stube und setzten sich am Tisch einander gegenüber.

»Hör mir einmal ganz ruhig zu, Sali!«, begann der Förster dann. »Es ist alles nicht so schlimm, wie es im Augenblick aussehen mag. Freilich, es hätte sehr schlimm enden können, wenn der Thomas sich heute Nacht nicht freiwillig der Polizei gestellt hätte. Ich wollt es zuerst auch nicht einsehen und habe ihm sogar davon abgeraten. Er war so gegen zwölf Uhr nachts noch bei mir und hat mir alles gestanden.«

Sie schüttelte nur den Kopf. »Ich begreife nichts! Was hat der Thomas denn mit der Polizei zu tun?«

»Schon seit längerer Zeit wurde er vom Aniser erpresst. Wenn ich ihn recht verstanden habe, geht es schon bis auf den Tag eurer Hochzeit zurück.«

»Ja, das weiß ich.«

Der Förster zog die Brauen hoch. »Wie? Das hast du gewusst und nichts dagegen unternommen?«

»Was hätte ich denn tun sollen? Ich stellte ihn zur Rede, aber er leugnete es ab! Ich erklärte ihm, dass mich nichts in meinem Glauben und in meiner Liebe erschüttern würde, was es auch gewesen sein mag, was er mir verschwiegen hat. Aber ich brachte ihn nicht zum Reden.«

Er legte ihr beruhigend seine Hand auf den Arm. »Wie lange kennen wir uns schon, Sali? Du warst noch sehr jung, als ich das erste Mal zu euch nach Schlehen kam. Ich hörte dich Zither spielen und bewunderte dein Talent. Weißt du das noch? Als ich wieder kam, brachte ich meine Gitarre mit und wir musizierten bis in die späte Nacht hinein. Von diesem Tag an gab es im Haus des Alpmeisters Sonnenberger immer wieder Hausmusik und alle hatten ihre Freude daran, sogar die Nachbarn. Wir wurden gute Freunde. Dann schickte dein Vater dich auf eine Wirtschaftsschule. Drei Jahre schwiegen Gitarre und Zither. Und als du endlich wieder daheim auftauchtest, lerntest du den Thomas kennen und lieben. Ich freute mich, denn ich kannte die Leute vom Halderhof als gute und rechtschaffene Menschen. Und dann wurde ich von einem Wildschützen niedergeschossen. Ein bisschen bin ich eigentlich selbst daran schuld, weil ich zu leichtfertig vorging. Außerdem trieb ich den Burschen so in die Enge, dass er nur noch die Wahl hatte, sich zu ergeben oder durch einen gewagten Sprung über eine tiefe Schlucht hinweg die Flucht zu versuchen. Ich bedrohte ihn mit angelegtem Gewehr.«

»Wahrscheinlich haben Sie ihn aufgefordert, die Flinte wegzuwerfen und sich zu ergeben«, sagte sie.

»Genau so war es.«

»Aber stattdessen schoss er sie kaltblütig nieder!«

Der Förster zuckte die Schultern. »Nicht kaltblütig, Sali! Das ist mir längst klar geworden. Es war eine unüberlegte Tat, ausgelöst durch eine Situation, in der ganz einfach die Nerven versagten. Auf einmal erkannte er, was er alles zu verlieren hatte, wenn ich ihn als Jagdfrevler dem Gericht überstellen würde. In seiner Verzweiflung drückte er ab.«

»Das Motiv der Tat ist da völlig gleichgültig! Ob er aus Angst vor der Entdeckung schoss oder um sich vor dem Gefängnis zu retten: Beides ist gemein und feig!«

Aber der Förster schüttelte den Kopf. »Man hat mich nicht aufgefunden wie einen weggeworfenen Sack. Als der Walser mich mit den Hunden aufspürte, lag ich sorgsam auf das Moos gebettet. Die Wunde war abgebunden, denn sonst hätte ich verbluten müssen. Wer hat das wohl getan? Kein anderer als mein Wildschütz! Reden wir also nicht mehr von einem gemeinen Verbrechen! Dass ich am Leben blieb, verdanke ich meinem Mörder, wenn wir schon so sagen wollen.

Das eine steht fest, wenn dieser Wildschütz der Aniser gewesen wäre, wie man gleich am Anfang angenommen hat, der hätte mich erbarmungslos in meinem Blut liegen lassen!«

Auf einmal stieg in der jungen Bäuerin eine Ahnung auf. Die Augen weit aufgerissen starrte sie ihn an.

»Jetzt brauchen Sie mir nur noch zu sagen, dass es der Thomas war, der –«

»Ja, Sali, so ist es. Und der Aniser Fred hat ihn dabei ertappt, als er seinen Stutzen ins Drachenloch hinabwarf, um nicht noch einmal in eine solche Versuchung zu kommen. Jetzt weißt du, weshalb der Thomas erpresst wurde. Er hätte längst zu mir kommen müssen, denn trotz allem, was ich durchgemacht habe, hätte ich Verständnis für ihn aufgebracht. So aber glaubte er, das Geständnis hinausschieben zu können, bis du das Kind gekriegt hättest. Aber er schaffte es nicht.«

Sie bedeckte ihr Gesicht. Es ging über ihre Kraft.

»Der Thomas ein Wilderer!«, jammerte sie.

»Das ist nicht die richtige Bezeichnung, Sali! Er ist eigentlich kein Wilderer!«

»Aber ...?«

Er erzählte ihr nun ruhig und ausführlich, wie der Thomas dazu gekommen war, gerade wenn er die Rufe aus dem herbstlichen Bergwald hörte.

»Hätte er sich mir doch anvertraut!«, klagte sie.

»Er hat es nicht gewagt, weil er befürchtete, es könnte dich in deinem Zustand zu sehr erschüttern.«

»Aber einmal musste ich es doch erfahren!«

»Leider. Ich wollte es verhindern, aber jetzt sehe ich ein, dass er doch richtig handelte. Wie lange hätte er diesen gemeinen Erpresser noch ertragen? Was wäre aus ihm und dir geworden, wenn er ihn eines Tages umgebracht hätte? Er hat sich vor sich selbst gefürchtet und deshalb stellte er sich der Polizei.«

»Was werden seine Eltern sagen, wenn sie das alles erfahren!«

»Die Hauptsache ist, dass du jetzt tapfer bleibst, Sali. Es wird alles nicht so schlimm werden. Ich habe mir bereits genau überlegt, was ich bei der Verhandlung sagen werde. Ich brauche nur die Wahrheit zu sagen und werde zu seinem Verteidiger.«

Sie saßen noch beisammen, als endlich der Poldi vom Dorf zurückkam. Sein Gesicht war erhitzt, atemlos stand er da und schaute auf die beiden am Tisch.

»Endlich! Wo hast du denn so lange gesteckt!«, tadelte die Sali. »Geh hinaus und wasch dich erst, du bist ja voller Dreck!«

»Der Aniser Fred ist tot«, sagte jetzt der Bub völlig unvermittelt.

Der Förster und die Bäuerin sahen sich erschrocken an.

»Was sagst du da?«, fragte dann der Förster. »Wer hat dir das erzählt?«

»Ich habe ihn selbst gesehen – unten in der Talsperre.«

»Aha, darum bist du also so lange ausgeblieben!«, sagte die Sali. »Also, erzähl, was hast du gesehen?«

Der Förster wunderte sich, wie sie sich dem Buben gegenüber zusammenreißen konnte. Dabei musste sie vergehen vor Angst und Furcht.

Der Poldi kam näher zum Tisch und fing an zu erzählen.

Als er ins Dorf gekommen war, hatten sich vor dem Haus des Bürgermeisters mehrere Leute angesammelt. Das Polizeiauto stand da und die Polizisten waren im

Amtszimmer. Neugierig hatte der Poldi sich zu den Leuten gestellt, die aufgeregt miteinander sprachen. Den Reden hatte er entnommen, dass man kurz zuvor oben in der Talsperre des Kaltbaches eine Leiche gefunden habe, den Aniser Fred. Aber die Leute wussten nicht, ob er vielleicht in die Schlucht gestürzt oder gar hinabgestoßen worden sei.

Bald darauf seien zwei Polizisten und noch ein paar fremde Männer aus dem Haus gekommen, hatten sich in den Wagen gesetzt und seien zur Talsperre gefahren. Mit noch ein paar Buben machte sich auch der Poldi auf den Weg dorthin um zu sehen, was nun geschah. Sie mussten sich sehr vorsichtig heranschleichen, weil an der Unfallstelle einige Polizisten standen und den Zutritt versperrten. Aber der Poldi und seine Begleiter waren durch das Gestrüpp bis über die Talsperre hinaufgeklettert, wo niemand sie sehen konnte. Von dort aus hatten sie dann alles genau beobachten können.

Die Leiche hatte man schon aus dem Wasser gezogen und eine Decke darübergeworfen. Ein Polizist hatte die Decke weggenommen und einer der fremden Männer in Zivil untersuchte eine ganze Weile den toten, dessen Gesicht voller Blutspuren und arg zerschlagen war. Aber er, der Poldi, hatte den Fred sofort erkannt, schon an seinem langen Haar.

Die Sali hatte schweigend zugehört, ihr Gesicht war schneeweiß.

»Ein böses Ende, das kann man wohl sagen«, ließ sich jetzt der Förster hören. Er erhob sich und machte ein paar Schritte durch die Stube.

»Und was ist weiter mit dem Toten geschehen?«, fragte er.

»Bald darauf ist ein Auto gekommen, das die Leiche wegfuhr.«

»Wasch dich jetzt, Poldi!«, befahl die Bäuerin streng.

Der Bub schaute sie betroffen an und ging aus der Stube.

»Ich weiß genau, was du denkst, Sali«, begann der Förster, als sie wieder allein waren. »Aber es stimmt nicht und kann gar nicht sein!«

»Muss einem da nicht ganz von selbst dieser Gedanke kommen? Ausgerechnet heute Nacht, wo mein Mann nicht daheim war, ist der Aniser umgekommen!«

»Ich weiß nicht, welch verhängnisvolle Umstände da mitgespielt haben, aber das weiß ich doch ganz bestimmt, dass er es nicht getan hat! Wozu wäre er sonst noch zu mir gekommen um alles zu gestehen? Gerade weil er sich fürchtete, er könnte sich einmal an seinem Erpresser vergreifen, stellte er sich der Polizei. Er suchte Schutz vor sich selber. Wir dürfen also jetzt nicht den Kopf verlieren, Sali! Es wird sich bald alles aufklären.«

»Ich habe eine schreckliche Angst!«

Sie ging zum Wandschränkchen, in dem eine kleine Hausapotheke verwahrt wurde. Sie musste jetzt etwas einnehmen, weil sie von einem Schwindel befallen wurde. Sie sperrte das Kästchen auf und ihr Blick fiel auf ein Schlüsselbund, das ganz vorn lag, sodass er nicht übersehen werden konnte.

»Hier, Förster! Er hat die Schlüssel dagelassen!«

»Welche Schlüssel?«

»Der eine gehört zum Schrank, der andere zum Gemeindetresor. Diese Schlüssel gab er sonst nie aus der Hand!«

»Ein Zeichen dafür, dass er alles geplant hat!«

»Er wird sich doch nicht an den Gemeindegeldern vergriffen haben?«

»Das könnte man ja nachprüfen.«

Sie rieb sich jetzt mit Melissengeist die Stirn ein.

»Ja, das muss getan werden«, sagte sie. »Aber mehr noch liegt mir jetzt das schreckliche Ende des Aniser auf dem Herzen. Ich muss wissen, dass der Thomas daran unschuldig ist!«

»Davon bin ich überzeugt!«

»Glauben Sie, dass man mit ihm sprechen kann?«

»Bestimmt. Ich weiß bloß nicht, wo er sich jetzt befindet. Wahrscheinlich wurde er schon in Untersuchungshaft genommen. Aber ich werde mich sofort um ihn kümmern.«

»Würden Sie mich begleiten? Ich wäre Ihnen sehr dankbar dafür! Wir können mit dem Auto fahren.«

»Es ist selbstverständlich, Sali, dass ich dir jetzt zur Seite bleibe!«

»Dank schön, Förster!«

Als die Leute zur Mittagszeit vom Feld heimkehrten, konnte die Sali das Unglück den alten Bauersleuten nicht mehr länger verheimlichen. Es fiel nicht nur ihnen, sondern auch den Dienstboten auf, dass der Thomas sich nicht sehen ließ und sich nicht um die Arbeit kümmerte. Von dem gewaltsamen Tod des Aniser Fred wussten sie schon. Der Poldi, der noch Schulferien hatte, war längst bei ihnen gewesen und hatte die Schreckensnachricht überbracht.

»Ich habe immer damit gerechnet, dass der Kerl irgendwann einmal ein solches Ende nimmt!«, sagte der Altbauer. »Ein Mensch, der die Arbeit scheut und allen Lastern verfallen ist, wird früher oder später so enden.«

»Er kann ja auch verunglückt sein!«, meinte die alte Bäuerin.

»Ja, im Rausch.«

Als die Sali aber dann den beiden Alten davon berichtete, in welch böse Geschichte der Thomas sich verwickelt hatte, dass er sich nicht mehr anders zu helfen wusste, als sich freiwillig der Polizei zu stellen, saßen sie wie niedergeschmettert da. Genauso wenig wie allen anderen Dorfbewohnern war auch ihnen nicht der leiseste Gedanke gekommen, dass es der Thomas gewesen sein könnte, der damals den Förster niederschoss. Und nun standen sie vor der unfassbaren Tatsache, dass ihr Sohn nicht nur gewildert, sondern auch noch auf den Förster geschossen hatte, als er sich von ihm entdeckt sah.

Das war ein Schlag, von dem man sich so schnell nicht mehr erholen konnte.

Aber damit war es noch nicht genug. Zudem mussten sie jetzt auch noch erfahren, dass der Aniser als einziger Mitwisser den Thomas erpresste. Noch stand nicht fest, wie viel Schweigegeld er bis jetzt gefordert hatte und wie viel Schulden der Thomas hatte machen müssen um den Erpresser zufrieden zu stellen.

Der Fred war tot, er war in dieser Nacht in den Kaltbach abgestürzt, also gewaltsam umgekommen ...

Da lag auch den beiden Alten der Gedanke am nächsten, dass die beiden sich getroffen hatten, in Streit geraten waren, in dessen Verlauf es zu Handgreiflichkeiten gekommen war, die mit dem Absturz des Erpressers geendet hatten.

Und darauf hatte der Thomas sich der Polizei gestellt.

Es fiel dem alten Bauern schwer, diesen Gedanken auszusprechen, und die Mutter fing herzzerreißend zu weinen an.

Nun lag es an der Sali, die beiden Alten zu trösten und zu beruhigen.

»Wir wissen nicht, ob er es getan hat!«, sagte sie. »Ich halte es für unmöglich!«

»Wer soll ihn denn sonst umgebracht haben?«

»Das weiß man nicht.«

Und jetzt erzählte sie ihnen, dass der Förster da gewesen sei und ihr berichtet habe und dass der Thomas mitten in der Nacht ins Forsthaus gekommen sei, ein volles Geständnis abgelegt und den Förster um Verzeihung gebeten habe. Am Morgen darauf habe der Thomas ihn von der Polizei aus angerufen und ihn gebeten, er möge ihr alles sagen und sie davon unterrichte, dass er sich freiwillig der Polizei gestellt habe, nur um keinen Mord am Fred zu begehen.

»Deshalb glaube ich nicht, dass er ihn in die Schlucht geworfen hat! Auch der Förster glaubt es nicht.«

»Trotzdem kann es aber so sein, dass er mit dem Fred zusammengestoßen ist«, widersprach der alte Bauer. »Wer weiß denn, wohin er vom Forsthaus aus gelaufen ist?«

»Wahrscheinlich zur Polizei. Ich kann es einfach nicht glauben, dass er eine solche Untat begangen hat!«, rief die junge Bäuerin.

»Sie hat Recht! Wir dürfen es nicht glauben«, ließ sich jetzt die alte Bäuerin hören.

»Ein Erpresser kann einen Menschen zur Verzweiflung treiben!«

»Den Thomas nicht!«, widersprach die alte Frau heftig. Langsam beruhigten sie sich.

»Was wirst du nun wohl tun, Sali, ich meine, welche Konsequenzen wirst du ziehen?«, begann dann der Bauer mit müder Stimme. »Du hast den Bauern vom Halderhof geheiratet und keinen Wilderer. Außerdem hätte er beinahe den Förster erschossen. Und alle haben wir nichts davon gewusst. Was wohl deine Eltern dazu sagen, wenn sie das erfahren?«

Die Sali schwieg eine Weile und schaute vor sich nieder. Dann hob sie den Kopf und schaute den beiden geschlagenen Alten in die Augen.

»Ich bin seine Frau geworden, weil ich ihn liebe«, begann sie dann. »Ich habe vor dem Altar versprochen, dass ich immer zu ihm stehen werde, in guten wie in bösen Tagen. Ich werde meinen Schwur halten und vor die Leute hintreten und ihn verteidigen. Er war kein Wilddieb, denn er hat nicht ein Stück Wild geschossen. Seine Leidenschaft war eine ganz andere: Nur im Herbst, wenn der Bergwald ruft und das Röhren der Hirsche zum Haus herab drang, griff er zum Stutzen und schlich sich an die Kämpfenden heran um sie auseinander zu treiben, was ihm nur gelang, wenn er ein paar Schüsse abgab. Das weiß ich vom Förster, dem er alles gestanden hat. Wie es dazu kam, dass er auf den Förster schoss, das weiß niemand. Wahrscheinlich geschah es in einer Art von Kurzschluss. Der Förster glaubt sogar an Notwehr, denn auch er hatte das Gewehr auf den Thomas angelegt. Nachdem es geschehen war, hat der Thomas dem schwer verwundeten Förster einen Notverband angelegt. Nur deshalb ist er nicht verblutet.«

»Zum Teufel! Warum hat er sich denn nicht gleich gestellt?«, schrie jetzt Thomas' Vater und ließ seine Faust schwer auf den Tisch fallen.

»Das ist es gerade, was niemand versteht! Ich wünsche jetzt nur noch, dass er am Tod des Aniser unschuldig ist und sich wenigstens in seiner Not nicht an der Gemeindekasse vergriffen hat! Alles andere lässt sich tragen.«

»Du meinst also ...«, fragte der alte Bauer erschrocken und deutete zum Tresor, der in der Ecke stand.

»Ich weiß es nicht.«

»Das wäre ja schrecklich! Kann man denn nicht an das Geld und an die Bücher heran?«

»Doch, ich habe den Schlüssel. Er legte ihn in den Arzneischrank.«

»Du musst sofort alles nachrechnen, Sali!«

»Darf ich das denn?«

»Du musst es tun! Ich übernehme die Verantwortung. Lieber nehmen wir einen Kredit auf, als dass sich bei einer Prüfung herausstellt, dass eine Unterschlagung gemacht wurde!«

Die alte Bäuerin kümmerte sich nun um Küche und Haus, während die Sali mit dem alten Bauern Kasse und Bücher einer genauen Prüfung unterzog.

Es wurde dunkel und sie mussten Licht machen, ehe sie damit fertig wurden. Aber zu ihrer Erleichterung stimmten Bücher und Belege mit der Kasse überein.

Wenn jetzt auch noch der Tod des Aniser Fred eine erwünschte Aufklärung fand, dann konnte man wieder Hoffnung schöpfen.

Kaum hatten sich die beiden Alten in ihr Häuschen zurückgezogen, nicht ohne sich gegenseitig Mut zuzusprechen, bekam die Sali noch einmal Besuch.

Es war ein Beamter von der Polizei. Er war ein schon älterer, etwas beleibter Mann, wahrscheinlich der Leiter der Polizeistation von Markt Point.

»Entschuldigen Sie, dass ich so spät noch störe«, sagte er nicht unfreundlich. »Sie sind doch die Bäuerin vom Halderhof?«

»Ja.«

Offenbar erkannte er gleich, dass sie hochschwanger war, denn er zeigte sich ihr gegenüber äußerst höflich und freundlich.

»Dass Ihr Mann sich der Polizei gestellt hat, wissen Sie doch wohl?«

»Ja. Aber ich weiß nicht, wo er ist.«

»Zur Zeit ist er in Untersuchungshaft im Amtsgerichtsgefängnis.«

Sie bot ihm Platz an und setzte sich ihm gegenüber an den Tisch. Er legte die Mütze ab und zog ein Buch aus der Tasche, das er vor sich hinlegte.

»Ich hätte Ihnen gern ein paar Fragen gestellt. Wenn Sie sie nicht beantworten wollen, zwingen kann ich Sie nicht«, sagte er und blätterte in seinem Buch.

»Bitte, fragen Sie!«

»Es geht uns vor allem um die Feststellung, wann Ihr Mann gestern Abend das Haus verlassen hat.«

»Es wird so gegen acht, halb neun gewesen sein, es war bald nach dem Abendessen.«

»Hat er gesagt, dass er sich mit jemandem treffen wolle?«

»Sie meinen wohl mit dem Aniser? Nein! Im Gegenteil, er hat mir sogar geschworen, dass er sich nicht mit ihm treffen wolle.«

»Sie wussten also, dass er von diesem Aniser erpresst wurde?«

»Ja, das wusste ich.«

»Wussten Sie denn auch, weshalb er Schweigegeld zahlte?«

»Bis gestern wusste ich es nicht; das habe ich erst heute vom Förster erfahren.«

Der Beamte nickte und machte ein paar Notizen.

»Der Aniser wurde heut Vormittag an der Talsperre tot aufgefunden.«

»Ja, ich weiß. Und jetzt wird man wahrscheinlich vermuten, dass mein Mann ihn umgebracht hat?«

»Wir bemühen uns den Fall aufzuklären. Dass Ihr Mann ein Motiv zu einer solchen Tat hatte, das kann wohl niemand bestreiten. Ich kenne zwar die Geldsumme nicht, die der Erpresser ihm abgefordert hat, aber sie war bestimmt nicht bescheiden. Außerdem ist anzunehmen, dass kein Ende abzusehen war, denn diese Verbrecher fordern und drohen immer weiter.«

»Trotzdem bin ich überzeugt, dass mein Mann am Tod des Aniser unschuldig ist.«

»Das wird sich herausstellen. Wie groß ist denn die Summe, die Ihr Mann dem Aniser gezahlt hat?«

»Diese Frage kann ich Ihnen nicht beantworten, nicht, weil ich nicht will, sondern weil ich es nicht weiß. Um die Geldsachen kümmerte sich allein mein Mann.«

»Und sonst können Sie mir nichts sagen, was unsere Nachforschungen erleichtern könnte?«

»Nein, es tut mir Leid.«

Der Beamte machte sein Buch zu und steckte es in die Tasche. Dann erhob er sich und griff nach seiner Mütze.

Am folgenden Tag fuhr die Sali in Begleitung des Försters in die Stadt.

Er machte sich auf der ganzen Fahrt große Sorgen um sie, denn sie sah bleich und leidend aus. Wenn sie sprach, hatte man den Eindruck, als redete sie mit sich selbst. Die Worte kamen so leise, dass er sie kaum verstehen konnte.

»Ich fürchte, du regst dich zu sehr auf, Sali!«, sagte er. »Das ist gerade jetzt in deinem Zustand nicht gut für dich!«

»Ich werde es schaffen!«, beruhigte sie ihn. »Aber ich muss mit ihm sprechen!«

»Das sollst du auch. Ich habe bereits mit dem Staatsanwalt telefoniert. Du kannst ohne Weiteres mit dem Thomas sprechen.

Sie erzählte ihm von dem Besuch des Polizeibeamten, aus dessen Fragen und Reden sie deutlich herausgehört habe, dass der Thomas unter Verdacht stehe den Fred ermordet zu haben.

»Deswegen muss er es noch lange nicht getan haben«, versuchte er sie zu trösten. »Die Polizei sucht immer zuerst nach den Motiven für eine Tat. Es ist durchaus möglich, dass der Fred auch noch andere Feinde hatte, die ihn lieber tot als lebendig wussten. Bei dem Leben, wie es der Fred führte, musste man mit einem solchen Ende rechnen.«

»Was glauben Sie?«

»Wie oft muss ich dir noch wiederholen, dass ich von seiner Unschuld überzeugt bin?«

»Er hat auch auf Sie geschossen!«

»Das war etwas ganz anderes und kam für ihn völlig unerwartet. Es blieb ihm keine Zeit zum Überlegen.«

»Und nachdem Sie nun wissen, wer Sie niedergeschossen hat, werden Sie wohl in Zukunft den Halderhof meiden?«

»Nein. Ich sehe keinen Grund dafür.«

»Das verstehe ich nicht!«

»Was man nicht versteht, muss man nehmen, wie es ist, Sali. Der Thomas hat mir seine Tat gestanden und mich um Verzeihung gebeten. Soll ich ihn jetzt als meinen Feind betrachten?«

»Sie werden immer, solange Sie leben, unter Ihrer Behinderung zu leiden haben!«

»Oh, das hat auch sein Gutes!«, lachte er. »An diesem Bein habe ich jetzt einen ganz zuverlässigen Wetterpropheten. Es kann mir zum Beispiel gar nicht mehr passieren, dass ich im Winter in einen Schneesturm laufe! Den zeigt mir mein Bein schon einen Tag zuvor an!«

Je näher sie dem Ziel kamen, desto schweigsamer wurde sie. Aber mit sicherer Hand lenkte sie den Wagen durch den Verkehr in der Stadt. Sie wusste nicht genau, wo das Gefängnis lag, aber der Förster wies ihr den Weg.

»Ich bewundere dich, Sali!«, sagte er einmal ganz unvermittelt.

»Warum denn das?«

»Weil du so tapfer bist. Ich kann mir vorstellen, wie sehr der Thomas auf dich wartet. Seine Angst ist nur noch, du könntest in deiner Liebe und in deinem Vertrauen für ihn unsicher werden und dich von ihm abwenden.«

»Haben Sie sich von ihm abgewandt?«

»Ich? Nein.«

»Und ich bin seine Frau!«

Daran musste sie nun auch denken, als sie vor dem düsteren Gebäude standen, das von einer hohen Mauer umgeben war, und zu den zahlreichen kleinen Fenstern hinaufschauten, die hinter starken Vergitterungen lagen.

Sie hatte nichts zu tun als zu warten, denn der Förster trat ganz allein in das Verwaltungsbüro ein und erledigte alle Formalitäten.

Es dauerte nicht lange, dann kam er mit einem Aufsichtsbeamten heraus, der sie bat, mit ihm zu kommen.

Der Förster blieb zurück.

Sie wurde in ein kahles Zimmer geführt, in dem nur ein einfacher Tisch mit ein paar Stühlen stand.

»Nehmen Sie bitte Platz und warten Sie einen Augenblick!«, sagte der Mann und ließ sie allein.

Ja, sie war seine Frau und sie würde an seiner Seite bleiben, was auch geschehen sein mochte! Sie liebte ihn und er brauchte sie. Ihr bangte nur noch vor dem Augenblick, wo er ihr jetzt sagen würde: Ja, ich hab den Fred getötet, er brachte mich zur Verzweiflung ...

Auch dann durfte sie ihm nicht einfach den Rücken kehren.

Aber der Förster hatte Recht, wenn er behauptete, dass der Thomas diese Tat gestehen würde, wenn er sie begangen hätte. Nachdem nun all sein Widerstand gebrochen war, gab es kein Leugnen mehr.

Und trotzdem fürchtete sie sich vor den nächsten Minuten.

Dann ging die Tür auf und Thomas kam herein. Er trug nicht einmal die Sträflingskleidung, wie sie erwartet hatte, sondern den Anzug, den er an jenem Abend anhatte, als er das Haus verließ.

Er sah sehr ordentlich aus, nur etwas bleicher und bekümmerter.

»Sali!«, rief er mit unterdrückter Stimme und wollte auf sie zueilen, hielt sich aber dann plötzlich zurück, als fürchtete er ihre Abweisung. »Ich danke dir, dass du gekommen bist! Es tut mir ja so Leid, was ich dir zugefügt habe! Ich denke, der Förster hat dir bereits gesagt, wie es dazu kam, so dass ich nicht noch einmal die ganze unselige Geschichte erzählen muss.«

Sie nahm seine Hand. »Ja, er hat mir alles gesagt.«

Sie setzten sich nebeneinander auf die Stühle.

»Ich habe dich geliebt, Sali, und ich werde dich lieben, solange ich lebe, welche Konsequenzen du auch daraus ziehen wirst,« sagte er mit leiser Stimme und hielt ihr Hand fest. »Ich wollte mit meinem Geständnis warten, bis das Kind da ist und du wieder gesund und kräftig auf den Beinen stehst. Aber ich habe es nicht geschafft. Es sind bereits erhebliche Schulden auf den Hof gekommen, weil ich mich scheute, einen Teil des Viehs wegzugeben oder gar ein Grundstück zu verkaufen. Und so habe ich mich in dieser Nacht entschlossen meine Schuld einzugestehen. Ich ging zuerst zum Förster, danach stellte ich mich der Polizei, nur um sicherzugehen, dass ich meine Schuld nicht noch größer und schrecklicher mache, indem ich diesem Verbrecher den Hals umdrehte, wenn er mir noch einmal in den Weg käme.«

Er war jetzt erschüttert und konnte kaum mehr weitersprechen.

»Was ist in dieser Nacht geschehen, Thomas?«, fragte sie. »Ich bin gekommen, damit ich nicht länger diese furchtbare Angst mit mir herumtragen muss; denn ich weiß, dass du mir die Wahrheit sagen wirst. Gelt, es ist nicht wahr, dass du den Aniser in die Schlucht hinabgeworfen hast?«

Sie schaute ihn voll banger Erwartung an.

»Ich will dir alles sagen, wie's war«, begann er dann. »Es ist wahr, ich sollte den Fred treffen und ihm wieder Geld bringen. Er erwartete mich in seinem Haus hinter der Sandgrube. Aber ich hatte kein Geld und war nahe daran, einen größeren Betrag aus dem Gemeindetresor zu nehmen. Ich hatte es schon in der Hand, warf es dann aber wieder zurück, als du zur Tür hereinkamst. In diesem Augenblick wusste ich, dass nun ein für alle Mal Schluss sein musste, ich war mir bloß nicht darüber im Klaren, wie ich es anstellen sollte. Darum lief ich bis Mitternacht in der Gegend herum, bis ich endlich den Mut hatte, zum Förster zu gehen. Glücklicherweise sah ich im Forsthaus noch

Licht. Ich legte dem Förster mein Geständnis ab. Wie hätte ich erwarten können, dass ich bei ihm so viel Verständnis fände! Als ich ihm sagte, dass ich nur aus Angst, ich könnte dich verlieren, geschwiegen habe, sah ich in ihm nicht mehr meinen Richter, sondern einen Freund, der mir helfen wollte. Gegen seinen Rat stellte ich mich darauf der Polizei. Ich hatte plötzlich Angst, dem Fred noch einmal zu begegnen, denn ich wusste, dass er mich um den Verstand bringen würde. Ein paar Mal schon war ich nahe daran, dieses Scheusal umzubringen, aber es muss jedes Mal ein Engel neben mir gestanden haben, der mich vor einer solchen Tat bewahrte. Dieser Engel warst du, Sali; denn gerade in diesen Augenblicken musste ich an dich denken.«

Er bedeckte sein Gesicht mit den Händen. Sein ganzer Körper erschauerte.

Sie sagte nichts und schaute über ihn hinweg, auf die kahle, kalte Wand.

»Der Polizeibeamte nahm ein Protokoll auf und ließ es mich unterschreiben«, fuhr er nach einer Weile fort. »Man wollte mich wieder fortschicken, bis meine Angaben nachgeprüft seien, aber ich bat um sofortige Inhaftierung, weil ich mich vor mir selbst fürchtete, falls mir der Fred in den Weg kommen sollte. Schließlich brachte man mich in einen Raum neben der Wachstube, wo eine Pritsche stand. Dort konnte ich mich hinlegen und ich schlief sofort ein. Als ich erwachte, war heller Tag, aber niemand kümmerte sich um mich. Erst viel später kam dann der Polizist, der mich in der Nacht verhört hatte, herein. In seiner Begleitung befand sich ein Kriminalbeamter, der mich sofort in ein strenges Verhör nahm. Jetzt erfuhr ich, dass der Fred in dieser Nacht umgekommen war. An den Fragen, die an mich gestellt wurden, erkannte ich, dass ich unter

Mordverdacht stehe. Trotz meiner Beteuerung, den Toten seit mehreren Tagen nicht mehr gesehen zu haben, wurde ich verhaftet und hierher gebracht.«

Jetzt sahen sie sich wieder in die Augen.

»Ich war ein erbärmlicher Feigling, Sali, und kann nie mehr gutmachen, was ich dir antat. Ich hatte immer Angst, du könntest mich verlassen, wenn es aufkommt, dass ich es war, der den Förster niederschoss. Aber jetzt, nachdem du zu mir gekommen bist, wage ich doch dich zu bitten: Sali, bleib bei mir! Ich kann ohne dich nicht mehr leben! Ich will alles wieder gutmachen!«

»Du hast den Fred nicht getötet?«, fragte sie kaum hörbar.

»Nein. Ich sagte die volle Wahrheit.«

Sie atmete befreit auf.

»Ich weiß nicht, wie lange sie mich einsperren werden, denn ich will nichts beschönigen und dafür büßen, was ich verbrochen habe«, begann er wieder. »Aber ich werde mit meinen Gedanken immer bei dir sein, Sali.«

Jetzt gab der Aufsichtsbeamte ein Zeichen, dass die Sprechzeit um war.

Sali erinnerte sich plötzlich wieder daran, wo sie war. Aber sie wusste jetzt, dass er den Aniser Fred nicht umgebracht hatte.

Sie warf ihre Arme um ihn. »Ich danke dir dafür, Thomas, dass ich nun ohne Angst heimkehren darf!«

»Grüß die Eltern und auch den Förster!«, brachte er gequält hervor.

»Der Förster wartet draußen, er hat mich herbegleitet«, berichtete sie. Dann küsste sie ihn und ging rasch davon.

Natürlich wirbelten diese Geschehnisse im Dorf viel Staub auf. Wenn auch niemand den Tod des Fred beklagte, so war doch sein schreckliches Ende noch tagelang Gesprächsstoff, schon deshalb, weil immer noch Zweifel bestanden, wer dafür verantwortlich war. Man wusste nicht einmal, ob es ein Unfall war oder ob er einer Gewalttat zum Opfer gefallen war. Die Zeitung berichtete sehr vorsichtig darüber, denn bis jetzt stritt der Halderhofer jede Schuld am Tod seines Peinigers ab.

Die Obduktion der Leiche aber ließ darauf schließen, dass dem Absturz in die Bachklamm ein Kampf vorausgegangen war.

Wer anders also als der Halderhofer konnte mit dem Fred in solchen Streit geraten sein?

Ungeheures Aufsehen erregte die Tatsache, dass der Wilderer, der den Förster so brutal niedergeschossen hatte, der junge Halderhofer war.

Auch darüber gab es Fragen über Fragen und keine befriedigende Antwort, denn sowohl der Förster als auch sein Gehilfe entzogen sich geschickt allen neugierigen Fragen.

Schon nach wenigen Tagen erschien, wie erwartet, der Bürgermeister mit einem amtlichen Revisor im Halderhof um die Kasse zu überprüfen.

»Es tut mir Leid, Bäuerin, aber es ist meine Pflicht gegenüber der Allgemeinheit«, entschuldigte er sich und war sichtlich verlegen.

Einen ganzen Tag saßen die beiden Männer in der Stube und kontrollierten die Buchhaltung. Aber es gab nichts zu bemängeln. Sali wusste bereits, dass die Kasse in Ordnung war, deshalb sah sie dem Resultat voller Ruhe entgegen.

Der Schrank wurde wieder abgeschlossen und den

Schlüssel nahm der Bürgermeister mit. Er war nun fast noch mehr verlegen als zuvor.

»Es war kein persönliches Misstrauen, Bäuerin«, sagte er.

»Sie brauchen sich nicht zu entschuldigen, Bürgermeister!«, antwortete die Sali freundlich. »Wann wollen Sie nun die Sachen abholen?«

»Da müssen wir erst abwarten, was der Gemeinderat beschließt. Ich persönlich sehe keinen Grund dazu.«

»Aber Sie wissen doch, unter welcher Anklage mein Mann steht!«

»Er ist nicht der Einzige hier, der sich einmal zum Wildern verführen ließ!«, lächelte das Dorfoberhaupt. »Auch wir waren einmal jung. Natürlich, das mit dem Förster war ein großes Unglück!«

»Man sagt doch, er hätte den Aniser umgebracht?«

»Das glaubt bei uns kein Mensch.«

Sie hätte sich am liebsten für diesen Satz bedankt.

Wie in Daxen, so war auch bald drüben in Schlehen die unselige Geschichte bekannt geworden.

Als die Sali an einem Abend vom Forsthaus heimkehrte, wohin sie nach der Arbeit noch gegangen war, in der Hoffnung, der Förster könnte ihr etwas Neues über den Stand der Untersuchung berichten, saß ihr Vater, der Alpmeister, da. Der alte Halderbauer und die Bäuerin leisteten ihm Gesellschaft, aber sie sah es gleich den Gesichtern an, welch gespannte Atmosphäre herrsche. Sie hatte den Eindruck, dass ihr Vater bereits seine Konsequenzen gezogen und Bedingungen gestellt hatte; denn die beiden Halderhoferleute saßen recht entmutigt und geknickt da.

Aber Vater Sonnenberger ging auch gleich seine Tochter scharf an. »Du hast es natürlich nicht für nötig gehalten, mich früher von diesem Missstand zu unterrichten!«, grollte er. »Von fremden Menschen und durch die Zeitung muss ich erfahren, was geschehen ist!«

»Was hätte es für einen Sinn gehabt, Vater?«, entgegnete sie und legte ruhig ihren Schal zusammen, den sie von der Schulter genommen hatte. »Du hättest daran so wenig ändern können wie ich!«

»Na, hör einmal! Du willst damit doch nicht gar sagen, dass du von seiner Wilderei gewusst hast, bevor du ihn heiratetest?«

»Nein, Vater, da habe ich es noch nicht gewusst.«

»Eben! Darum meine ich –«

»Es war kein Wildern!«, schnitt sie ihm das Wort ab. »Wenn du ihm und mir nicht glauben kannst, bitte ich dich, mit dem Förster darüber zu sprechen, der, so meine ich, in erste Linie der Leidtragende ist!«

»Willst du vielleicht sagen, dass der Schuss von selbst losgegangen ist?«, höhnte er.

»Nein, das nicht, aber dass es ein unglückliches Verhängnis war. Er hat darunter mehr gelitten als der Förster selbst.«

»Es ist ein bisschen viel, was man ihm zur Last legt! Wenn auch niemand dem Aniser eine Träne nachweint, so hätte es noch andere Wege gegeben, sich diesen Erpresser vom Hals zu schaffen, als ihn einfach umzulegen!«

»Das hat er nicht getan!«, erwiderte sie scharf.

»Aber er steht unter Mordverdacht!«

»Du kannst nur nachsprechen, was du gehört oder gelesen hast, Vater. Ich weiß es aber besser und ich sage dir, dass er an diesem Tod so unschuldig ist wie du und ich! Man hat sogar geglaubt, er könnte sich an den Gemeindegeldern vergriffen haben, aber die Überprüfung hat bewiesen, dass alles in Ordnung ist! Ja, ich gestehe sogar, dass ich selbst gezweifelt habe, und heute schäme ich mich! Aber noch furchtbarer wäre es, ihn für einen Mörder zu halten!«

Die beiden alten Halderhofer saßen still und entmutigt dabei und hörten diesem Disput zwischen Vater und Tochter mit steigender Erregung zu.

»So sprichst du, Sali, aber hör einmal hin, wie die Leute darüber urteilen! Wie die Sache auch ausgehen mag, um die Schande kommen wir nicht herum. Es gibt für dich im Augenblick nur die Lösung, dass du mit mir zurückkehrst nach Schlehen!«

Sie schaute ihn entsetzt an. »Bist du etwa gekommen um mich zu einer solch feigen Flucht zu überreden, Vater? Du fühlst dich in deinem Stolz verletzt und siehst nur die Schande, dass deine Tochter einen Wilderer oder gar einen Mörder zum Mann hat. Aber da muss ich dich enttäuschen. Ich stehe vor meiner Entbindung. Es nicht nur mein Kind, das ich erwarte, sondern auch seines. Ich bleibe seine Frau! Und was die Schande betrifft, von der du sprichst: Ich bin es, die vor die Leute im Dorf hintreten muss. Ich will es ohne jede Scheu tun, denn ich bin von seiner Unschuld überzeugt und ich liebe ihn heute noch wie am Anfang unserer Ehe!«

»Dann kann ich nur sagen, dass es mir Leid tut um dich – aber helfen kann ich dir nicht!«

Obwohl Vater Sonnenberger etwas verstimmt wegging, war ihm doch ein gewisser Respekt vor der Haltung seiner Tochter anzumerken. Er bewunderte ihre Kraft, durch die sie die schwere Bürde tragen konnte.

Sie hatte in ihrer Aufregung die beiden Alten vergessen und wurde erst an sie erinnert, als sie plötzlich neben ihr standen. Die alte Bäuerin umarmte sie und weinte.

Und der alte Bauer sagte mit gebrochener Stimme:

»Gott mag es dir vergelten, Sali! Wir dürfen es deinem Vater nicht verübeln, denn es ist wirklich arg!«

Der Förster hatte nichts Neues berichten können, obwohl er sich öfters mit der Polizei in Verbindung setzte. Er war mit dem Leiter der Polizeistation von Markt Point sogar befreundet und war sicher, dass er es sofort erfahren würde, wenn sich etwas ereignen sollte.

An diesem Tag konnte er diesen Mann allerdings nicht erreichen, weil er dienstlich unterwegs war. Er hatte sogar noch am Abend versucht, ihn zu sprechen, und zwar im Beisein der Sali, aber er war immer noch nicht zurück.

Trotzdem sollte die Bäuerin in dieser Nacht noch von ihren letzten Zweifeln und Bedenken, die trotz ihres festen Vertrauens immer wieder in ihr aufsteigen wollten, befreit werden. Diese Unruhe befiel sie gewöhnlich dann, wenn sie allein in der Stube saß und sich elend und verlassen vorkam. Aber dann regte sich plötzlich wieder das Kind in ihrem Bauch und erinnerte sie daran, dass sie bald das Kind bekäme. Dann durchströmte sie ein Gefühl des Glücks, das alle bösen Ahnungen, die sie beschleichen wollten, verscheuchte.

Im Haus war längst niemand mehr auf, als der Poldi noch einmal aufgestanden war und angeschlichen kam und in Blick und Miene die Furcht verriet, die ihn nicht schlafen ließ.

»Was ist denn noch, Poldi?«, fragte sie, weil sie ihm gleich ansah, dass ihn etwas bekümmerte.

»Gelt, du verlässt uns nicht?«

»Wie kommst du nur auf diesen Gedanken? – Aha! Du hast wohl wieder einmal gehorcht?«

Er leugnete es nicht. »Du darfst uns nicht verlassen, Sali!«

»Nein, Poldi, ich bleibe schon da.«

»Du wirst sehen, der Thomas kommt bald wieder! Er hat den Fred nur verprügelt, aber umgebracht hat er ihn nicht!«

»Ich weiß, Poldi, und ich freue mich, dass du auch so denkst. Geh jetzt ins Bett! Du musst schlafen! Wir beide bleiben schon beisammen. Oder habe ich dir schon einmal etwas versprochen, was ich nicht hielt?«

Da warf der Bub die Arme um sie. »Du weißt nicht, wie gern ich dich hab, Sali!«, rief er unter Tränen und rannte dann davon.

Sie schaute ihm mit verwundertem Lächeln nach.

Es wurde spät, trotzdem blieb sie noch unter der Lampe sitzen, als müsste sie auf irgendetwas warten.

Sie schrak aus ihren Gedanken auf, als plötzlich zaghaft an das Fenster geklopft wurde. Der Förster!, schoss es ihr durch den Kopf. Er hatte versprochen, sofort Mitteilung zu machen, wenn er etwas Neues erfahren sollte, auch wenn es mitten in der Nacht wäre. Wahrscheinlich hatte er den Polizeibeamten doch noch erreichen können und wollte ihr nun etwas Besonderes berichten.

Sie eilte hinaus und sperrte die Tür auf, blickte aber dann enttäuscht auf die schlanke Mädchengestalt, die vor ihr stand.

Es war die Ursel.

Sie hatte in der Überstürzung der Ereignisse gar nicht mehr an das Mädchen gedacht, obwohl die Ursel eigentlich vom Tod des Aniser Fred am meisten betroffen worden war, denn sie war ja mit ihm verlobt gewesen.

Dass die Polizei bei ihrer Aufklärungsarbeit schon seit Tagen vergeblich nach dieser angeblichen Braut suchte, wusste die Sali nicht. Denn die Ursel war in jener Nacht nicht mehr in das Seecafé zurückgekehrt. Niemand wusste, wohin sie gegangen war. Täglich rief die Polizei beim Besitzer des Lokals an, erhielt aber immer wieder den gleichen Bescheid, nämlich, dass das Mädchen von niemandem gesehen worden sei.

Davon also wusste die Sali nichts, aber ihr Gefühl sagte ihr, dass die Ursel vielleicht Licht in die dunkle Angelegenheit bringen könnte.

»Darf ich einen Augenblick hereinkommen?«, fragte die Ursel und hielt die Hand gegen das Haar, das der Wind zerzauste.

Mit einer stummen Geste lud die Sali sie zum Eintreten ein. Sie bot ihr Platz an und wartete voller Spannung darauf, was dieses Mädchen ihr zu sagen hätte.

Das hübsche Gesicht kam ihr etwas bleicher und hagerer vor, als sie es in Erinnerung hatte. In ihren schwarzen Augen war ein fast unnatürlicher Glanz.

»Ich wollte eigentlich nicht mehr zurückkehren und alles vergessen, was geschehen ist«, begann die Ursel, als sie sich gesetzt hatte. »Ich hatte ein bisschen Geld gespart. Das meiste davon hat mir freilich der Fred abgenommen, aber es hätte schon gereicht, bis ich irgendwo anders eine neue Stellung gefunden hätte. Aber da erfuhr ich, dass der Thomas, ich meine, Ihr Mann, unter Mordverdacht verhaftet wurde. Ich las es in einer Zeitung. Deshalb kam ich zurück, um die Polizei auf ihren Irrtum aufmerksam zu machen.«

Die Ursel machte eine Pause, um gegen ihre Übermüdung anzukämpfen. Es war unverkennbar, dass sie einen harten Tag hinter sich hatte.

»Darf ich Ihnen etwas zu essen oder zu trinken geben?«, fragte die Sali.

»Nein, danke! Ich bin bloß ein bisschen müd. Darf

ich vielleicht aus den Schuhen schlüpfen? Sie sind etwas eng und schmerzen mich.«

»Bitte!«

Die Ursel streifte die Schuhe von den Füßen.

Die Sali wartete voll Ungeduld auf das Weitere.

»Ich gehe jetzt zum Seecafé zurück, weil die Polizei mich nur unter dieser Bedingung freiließ, das heißt, wenn sie mich jederzeit erreichen kann«, fuhr die Ursel fort. »Ich wollte Ihnen nur sagen, dass Ihr Mann am Tod des Aniser unschuldig ist, falls Ihnen Zweifel gekommen sein sollten.«

Die Sali spürte, wie ihr leichter ums Herz wurde.

»Ich habe mich bei der Polizei in Markt Point gemeldet und erst dort erfahren, dass man nach mir suchte. Ich habe alles zu Protokoll gegeben, was in dieser Nacht geschehen ist. Dann nahm man mich mit in die Stadt und überstellte mich dem Untersuchungsrichter. Nach einem weiteren langen Verhör wurde ich freigelassen mit der Auflage, jederzeit erreichbar zu sein, weil meine Angaben erst überprüft werden müßten.«

»Was ist geschehen, Ursel? Bitte, sprechen Sie!«

»Als ich das letzte Mal bei Ihnen war, da wussten Sie noch nicht, wodurch Ihr Mann in die Erpresserhände des Aniser Fred geraten war. Ich hatte nicht den Mut, es Ihnen zu sagen. Ich weiß wohl, dass der Thomas der Meinung war, ich hätte diese Erpressergeschichte mitgemacht, vielleicht aus Rache, weil er mich stehen ließ, als er das Verhältnis mit Ihnen begann. Aber das ist nicht wahr! Ich habe den Fred immer wieder davon abzubringen versucht, aber ein Mensch wie er, ohne Gewissen, wollte nicht auf mich hören. Als ich dann erkennen musste, dass er mich belog und betrog, war für mich der Zeitpunkt gekommen, mit dieser unseligen Liebschaft Schluss zu machen. Ich bin damals zu Ihnen gekommen, um den Thomas darauf aufmerksam zu machen, dass er vom Fred nur so lange erpresst werden könnte, als er einen Beweis in Händen hatte. Der Beweis war der Stutzen, den der Thomas damals in das Drachenloch hinabgeworfen hat. Ich wollte, dass er den Stutzen heraufhole und irgendwo verscharrte. Dann könnte er alles ableugnen, was der Fred ihm zur Last legen wollte. Das eine war doch wohl sicher, dass kein Polizist und kein Richter ihm geglaubt hätte.

Aber ich traf den Thomas nicht an. Ich stieg also hinauf zum Zwingsteg um zu sehen, ob nicht ich in die Schlucht absteigen könnte. Es war eine mondhelle Nacht und ich habe im Felsklettern einige Übung. Nur fehlte mir die Ausrüstung.

Ich ging sogar noch ein Stück an der Klamm hinunter, um nach einem Einstieg zu suchen. Da spürte ich plötzlich eine Hand auf meiner Schulter. Als ich mich umwandte, sah ich den Fred vor mir. Er nannte mich eine Verräterin, die ihn aus lauter Wut an die Polizei ausliefern möchte. Er packte mich und schlug auf mich ein, bis ich am Boden lag. Aber dann schrie er: Ich weiß genau, was du hier suchst, aber du sollst nicht mehr dazu kommen!

Er schaute wir irr um sich; anscheinend war er wieder einmal betrunken. Er packte mich und zerrte mich an den Abgrund der Schlucht. Als ich ahnte, was er vorhatte, wehrte ich mich verzweifelt. Der Felsboden war glitschig vom Gewitterregen und noch mit einzelnen Hagelkörnern bedeckt. Wir rangen miteinander und in meiner Todesangst stieß ich mit dem Fuß nach ihm. Er rutschte aus und verschwand. Erst als ich das Poltern des Gesteins hörte, kam mir zu Bewusstsein, dass er in die Kaltbachschlucht gestürzt war.«

Die Ursel setzte ab. Ein Frösteln schüttelte sie.

Mit fast leuchtend weißem Gesicht saß die Bäuerin da und schaute schweigend und mit furchtsam geweiteten Augen auf das Mädchen.

»Als ich nichts mehr hörte, rannte ich kopflos davon, immer noch voller Angst, denn ich war meinem Mörder nur mit knapper Not entronnen«, begann die Ursel wieder. »Aber ich kehrte nicht zum Seecafé zurück, sondern lief ins Dorf. Wahrscheinlich wollte ich instinktiv Hilfe herbeiholen. Aber nach und nach kamen mir ganz andere Gedanken: Wenn der Fred sich retten konnte und vielleicht nur verletzt war, würde ich ihm sicher ein zweites Mal nicht mehr entkommen. Damals schon nahm ich mir vor, zur Polizei zu laufen und alles zu berichten. Aber auf dem Weg dorthin überlegte ich es mir wieder anders. Vielleicht war der Fred tot? Dann würde man in den nächsten Tagen seine Leiche finden und ich käme in die Tretmühle der Polizei. Wenn ich nichts meldete, wüsste niemand, was geschehen sei. Vielleicht nahm man einen Unfall an, besonders wenn festgestellt wurde, dass der Fred betrunken war. Auf alle Fälle wusste niemand etwas von mir. Und so entschloss ich mich einfach davonzugehen und irgendwo unterzutauchen. Mit dem ersten Frühzug fuhr ich ab. Aber als ich dann in der Zeitung las, dass der Thomas unter Mordverdacht steht, ließ es mir keine Ruhe. Ich bin zurückgekommen um zu sagen, wie es war.«

Lange blieb es jetzt still zwischen den beiden Frauen.

»Und was werden Sie jetzt tun?«, fragte die Bäuerin in das Schweigen.

»Man hat mir gesagt, wenn meine Angaben stimmten, hätte ich in Notwehr gehandelt und brauchte nichts zu befürchten. Ich gehe jetzt zurück ins Seecafé, aber nur noch so lange, wie die Polizei mich hier festhält. Dann verlasse ich das Dorf und komme nie wieder.«

»Glauben Sie mir, Ursel, wenn ich Ihnen helfen könnte, würde ich es gern tun. Das eine aber kann ich Ihnen versprechen: In meiner Gegenwart soll niemand mehr schlecht über Sie sprechen!«

»Danke, Bäuerin!«

Sie müssen doch Hunger haben! Kann ich Ihnen denn nichts anbieten?«

»Vielleicht ein Glas Wasser, meine Kehle ist völlig ausgetrocknet.«

Die Sali ging rasch weg und brachte ihr ein Glas Mineralwasser mit Fruchtsaft.

»Sie können jetzt nicht mehr bis zum Seecafé gehen«, sagte sie. »Sie bleiben diese Nacht hier in unserem Haus!«

»Ich darf nicht! Wenn die Polizei mich sucht, muss ich im Seecafé sein!«

»Sie wird Sie auch hier bei uns finden!«

Die Ursel ließ sich schließlich überreden und schlief diese Nacht im Halderhof. Sie wurde in eine kleine Kammer geführt, wo ein gutes Bett stand. Die Sali legte auch das Nachtzeug für sie bereit.

Als sie aber dann am Morgen nach ihrem Gast schaute, weil er sich lange nicht blicken ließ, fand sie die Kammer leer. Das Bett war gemacht und der Raum in Ordnung gebracht. Die Ursel musste also in aller Frühe schon das Haus verlassen haben.

Bald darauf schon kam der Förster. Er wusste bereits über alles Bescheid und wollte sie davon unterrichten. Aber sie wusste ja von der Ursel selbst, welche überraschende Wendung in das Verfahren gekommen war. Man konnte glauben, sie hätte sich über Nacht um Jahre verjüngt, und sie glich fast wieder dem jungen

Mädchen, mit dem er in Schlehen im Haus ihrer Eltern musiziert hatte.

Nun blieb nur noch die Sorge, wie das Gericht über das unselige Wildererdrama urteilen würde.

»Es wird nun alles wieder gut!«, beruhigte der Förster sie.

»Glauben Sie, dass ich den Thomas noch einmal besuchen darf?«

»Ich sehe keinen Grund, warum man es dir verwehren könnte.«

»Wann fahren wir, Förster?«

»Wann du willst, meinetwegen sofort.«

»Ich weiß nicht, wie lange ich es noch riskieren darf«, lachte sie und schaute an sich hinunter. »Der neue Erdenbürger lässt nicht mit sich handeln.«

Ehe sie wegfuhren, lief die Sali noch hinüber ins Altenteil um auch den beiden Austraglern die große Neuigkeit zu berichten, denn auch sie litten immer noch unter der furchtbaren Vorstellung, ihr Sohn könnte zum Mörder geworden sein.

Überall, wohin man schaute, erkannte man die Nähe des Herbstes. Die Laubbäume in den Wäldern legten ihr buntes Kleid an, die abgeernteten Felder starben langsam ab und herb duftete die umgebrochene Erde.

Dichte Morgennebel verhüllten die Berge.

Und in einer dieser Nächte radelte der Florian vom Halderhof hinab ins Dorf um die Hebamme zu holen, während die alte Bäuerin alle Vorbereitungen für die Geburt des Kindes traf.

Der alte Bauer wanderte in der Stube auf und ab.

Aber es kam der Morgen mit seinem grauen Nebel, der von den Bäumen vor dem Haus tropfte, und das Kind war noch immer nicht da.

Die Hebamme riet dazu einen Arzt zu verständigen, weil die junge Frau allmählich an Kräften verlor und immer schwächer zu werden drohte, obwohl keine laute Klage über ihre Lippen kam.

Der Knecht sprang noch einmal auf sein Fahrrad und strampelte eilig hinab ins Dorf zur nächsten Telefonstelle, von wo aus er den Arzt herbeirief, der mit seinem Auto noch vor ihm auf dem Halderhof eintraf.

Der alte Halderhofer stand am Fenster und schaute hinaus in den trüben Tag. Er hörte die Schritte auf der Treppe und im Gang und fing an laut zu beten.

Auf das Geäst des Baumes hatte sich ein Schwarm Krähen niedergelassen, er hob sich nach einer Weile wieder ab und flog mit höhnischem Geschrei dem Bergwald zu.

Endlich kam seine Frau in die Stube, um irgendetwas in Eile aus der Kommode zu holen.

»Was ist denn jetzt?«, fragte er.

»Sie hat eine sehr schwere Geburt«, antwortete sie ernst. »Der Doktor hat ihr eben eine Narkose verabreicht, weil es ohne Zange nicht geht.«

Sie eilte wieder weg.

»Arme Sali!«, jammerte der alte Bauer.

Aber dann schien plötzlich alles sehr schnell zu gehen. Die alte Bäuerin eilte in die Küche. Im Vorbeigehen rief sie zur Tür herein. »Ein Bub ist's! Ein Mordskerl! Horch, wie er schreit!«

Jetzt ließ sich der Alte auf einen Stuhl sinken und atmete befreit auf.

Schon bald darauf kam der Arzt herein. Er war ein Mann in mittleren Jahren, groß und stämmig. Aber er lächelte zufrieden, als er sich an den Tisch setzte und ein paar Notizen machte.

»Ist doch alles gut, Herr Doktor?«, fragte der Alte.

»O ja. Der kleine Kerl ist bloß etwas zu groß geraten, darum ging es ohne Hilfe nicht. Die Mutter wird sich schnell erholen.«

»Die Rechnung bezahle ich, Herr Doktor!«

Sechs Wochen befand sich Thomas in Untersuchungshaft, dann war es so weit, dass das Gericht zur Verhandlung zusammentreten konnte.

Als Zeugen waren der Förster und sein Jagdgehilfe geladen. Die Anklage lautete auf schwere Körperverletzung, unerlaubte Jagdausübung und verbotenen Waffenbesitz.

Nachdem die Anklageschrift verlesen war, sah es nicht gut für den Angeklagten aus, obwohl ihm zugute gehalten wurde, dass er bis jetzt ein unbescholtenes Leben geführt hatte.

Dann aber zeigte es sich, welch einen prächtigen Freund Thomas im Förster gefunden hatte. In geradezu packender Art versuchte der Förster den Angeklagten in allen Punkten zu entlasten und wies nach, dass sein Jagdfrevel kein Wildern sei, sondern vielmehr ein Sorgen um die Tiere, die in der Brunftzeit sich selbst töteten, wenn zwei ebenbürtige Platzherren einander ins Gehege gerieten. Er versuchte den Richtern darzustellen, was Wald und Wild für einen Menschen bedeuten, der im einsamen Halderhof geboren ist. Er schilderte die Situation des Angeklagten, als er sich plötzlich vom Förster angesprochen hörte und gestellt sah wie ein Verbrecher, der nun abgeführt werden sollte.

»In einer solchen Situation fühlen sich Jäger und Wildschütz gleichermaßen bedroht«, fuhr der Förster fort. »Keiner von beiden weiß, wer zuerst abdrückt. Ich sprang vor und wollte ihm die Flinte abnehmen, und da fiel der Schuss. Ich stürzte und verlor die Besinnung. Als ich gefunden wurde, lag ich sorgsam aufs Moos gebettet und meine Wunde war verbunden, nur deshalb bin ich nicht verblutet. Das kann niemand anders getan haben als der Angeklagte. Daraus ist zu schließen, dass der Wildschütz mich nicht töten wollte, vielleicht wollte er mich nicht einmal verletzten. Es würde mir Leid tun, wenn er nun dafür zu hart bestraft würde, denn ich verdanke ihm doch trotz allem mein Leben.«

»War das vielleicht der Grund, dass Sie später kaum mehr an einer Aufspürung des Täters interessiert waren?«, kam die Frage vom Staatsanwalt.

»Wenn ich ehrlich sein will, muss ich sagen, dass ich mich nicht mehr darauf verlegte. Ich war überzeugt, dass der Täter mehr darunter zu leiden hatte als ich, schon deshalb, weil ihm sein Gewissen keine ruhige Stunde mehr ließ. Außerdem stellte ich fest, dass seit jenem Tag in meinem Revier kein Schuss mehr fiel, von dem ich nicht wusste.«

Auch Walser, der Forstgehilfe, der den Förster aufgefunden hatte, musste aussagen. Er bestätigte, dass irgendjemand bereits erste Hilfe geleistet hatte.

Das Übrige besorgte nun der Verteidiger, als die Plädoyers gehalten wurden.

Darauf zog sich das Gericht für längere Zeit zur Beratung zurück.

Die Urteilsverkündung brachte für alle Teile und vor allem auch für die Zuhörer einen befriedigenden Abschluss:

Der Angeklagte wurde wegen unerlaubten Waffenbesitzes und wegen Körperverletzung zu einem halben Jahr Gefängnis verurteilt. Die Untersuchungshaft wurde angerechnet. Die Strafe war zur Bewährung ausgesetzt.

Der Zuhörerraum leerte sich. Nur die Letzten konnten noch sehen, wie der Förster und der Wildschütz aufeinander zugingen und sich die Hand reichten.

Sie spendeten dazu ihren Beifall.

Das alles konnte man am anderen Tag in den Zeitungen lesen.

Trotzdem wartete Thomas die Nacht ab, bevor er von der Bahnstation in Markt Point den Heimweg antrat. Er wollte nicht gleich von jemandem gesehen und angesprochen werden, weil er ja nicht wusste, wie seine Mitbürger zu seiner Tat und zur seiner Verurteilung standen.

Sali war schon längst wieder auf den Beinen und hatte als junge Mutter jetzt noch mehr Arbeit als früher, aber sie ging ihr auch flinker von der Hand, seit wieder die Freude und das Glück in ihr Herz zurückgefunden hatten.

Am Abend war noch der Förster da gewesen um sie vom Verlauf der Verhandlung zu unterrichten. Auch die beiden Bauersleute waren dabeigesessen und hatten den Bericht mit angehört.

Als der Förster, kurz bevor er ging, Thomas' Heimkehr noch für dieselbe Nacht ankündigte, ergriff der alte Bauer den Arm seiner Frau.

»Komm, auch wir wollen jetzt gehen! Die beiden müssen zuerst mit sich allein sein!«

Das leuchtete der Mutter ein. Aber sie drückte noch die Sali bewegt an sich. »Dieses große Glück haben wir dir zu danken«, sagte sie weinend. »Denn du allein hast nie an ihm gezweifelt. Aber wir haben es getan. Gott mag uns verzeihen!«

Dann war die Sali allein. Sie war plötzlich sehr aufgeregt und konnte sich lange nicht beruhigen. Hin und wieder betrat sie leise die Schlafstube, in der ihr Kind in einem Stubenwagen schlief.

»Heute noch kommt er, dein Vater!«, flüsterte sie dem kleinen Erdenbürger zu.

Leise kehrte sie in die Stube zurück. In der Ecke stand noch immer der schwere Gemeindetresor.

Sollte das bedeuten, dass niemand daran dachte, dem jungen Halderhofer das Vertrauen zu entziehen?

Der Himmel mochte es fügen!

Sie öffnete das Fenster und schaute in die Nacht hinaus. Nebel war eingefallen. Von den Bäumen tropfte die Nässe.

Es war eine ruhige Nacht, als ersticke der Nebel jeden Laut.

Und plötzlich kam vom Bergwald herab lang gezogen und mit bösartigem Grollen das Röhren eines Hirsches, das sich in kurzen Abständen wiederholte.

Der Bergwald rief!

Die Sali erschauerte. Sie schloss das Fenster, weil sie plötzlich von einer unbestimmbaren Furcht ergriffen wurde. Dabei gehörten diese nächtlichen Rufe im Herbst zum einsamen Halderhof wie das Brüllen einer Kuh im Stall.

Langsam vergingen die Stunden. Sie hatte eben wieder zu ihrem Kind geschaut, das fest schlief. Und als sie in die Stube zurückkehrte, hörte sie Schritte vor dem Haus.

Sie eilte hinaus und sperrte die Tür auf.

Ja, er war es, ihr Thomas!

Sie konnten nicht sprechen, sondern sie hielten sich nur in den Armen.

»Ich bin frei, Sali!«

»Ja, ich weiß, der Förster war schon da und hat uns

alles erzählt. O Thomas! Wie schön ist doch das Leben!«

Sie gingen in die Stube. Dort streckte er seine kräftigen Arme gegen die Decke. »Ach, was ist das für ein Gefühl! Ich bin wieder daheim, bei dir, bei –« Er brach ab und fuhr ganz leise fort: »Schläft er?«

Sie nickte.

»Darf ich ihn sehen!«

»Nur wenn du ganz leise bist!«, warnte sie.

Auf den Zehen folgte er ihr in die Schlafkammer. Sie schob den Vorhang am Stubenwagen zurück und ließ ihn hineinschauen.

Da war es um ihn geschehen. Alles vergessend griff er hinein und hob den Knaben aus dem Kissen, der freilich sofort mächtig zu schreien begann.

»Ist das ein Bub! Ein Prachtkerl!«

»Bei der Geburt wog er vierzehn Pfund«, sagte sie.

»Zwei Pfund mehr als ich! Und meine Mutter hat nach Jahren noch geklagt, was sie mit mir aushalten musste. Wie ist es da erst dir ergangen, meine arme Sali!«

»Wir haben ihn und geben ihn nicht mehr her!«, sagte sie lachend und nahm das Kind an sich um es zu beruhigen. Dann legte sie es in den Wagen zurück und schaukelte es in den Schlaf. Das dauerte eine ganze Weile.

Dann schlichen sie sich hinaus und kehrten in die Stube zurück. Er zog jetzt die Jacke aus und schlüpfte aus den Schuhen. Sie ging in die Küche, um das Essen für ihn zu holen, das sie warm gestellt hatte.

Er machte sich auch gleich mit gutem Appetit darüber.

»Du siehst gut aus«, sagte sie, nachdem sie ihn eine Weile betrachtet hatte.

»Du meinst, man sieht mir den Häftling nicht mehr an? Aber davon wollen wir jetzt überhaupt nicht mehr sprechen, Sali. Diesen dunklen Punkt in meinem Leben möchte ich nicht mehr berühren. Es reicht schon, wenn ich daran erinnert werde, sooft ich dem Förster begegne.«

»Der Förster ist unser Freund, Thomas, was auch geschehen ist.«

Er nickte. »Du hättest ihn hören sollen, wie er mich verteidigt hat! Wenn es gegangen wäre, hätte er die Hauptschuld auf sich genommen. Daran werde ich immer denken müssen. Das Übrige habe ich dir zu danken, meine geliebte Sali! Deine Tapferkeit hat meine erbärmliche Feigheit wettgemacht. Ohne dich wäre ich zugrunde gegangen.«

»Wir wollen nicht mehr darüber reden, sondern an unsere Zukunft denken und an unser Kind.«

»Wie heißt er denn, unser Sohn?«

»Thomas.«

»Danke für die Ehre!«, scherzte er und küsste sie. »Er hat es leichter als ich, denn er hat einmal einen eigenen Wald mit viel Wild. Er braucht sich nicht mit einem alten Stutzen in das Gehege zu schleichen.«

»Man hört wieder das Röhren vom Wald her.«

Er nickte. »Ja, das ist die Zeit. Herbst. Ich habe es auch gehört, Sali, und ich werde mich bald einmal in unserem Trollwald umsehen müssen.«

»Hast du noch etwas von der Ursel gehört?«, fragte sie unvermittelt. »Ich habe immer darauf gewartet, dass sie einmal herkommen würde. Ich hätte mich gefreut, denn sie ist ein guter Mensch.«

»Sie wird nicht mehr kommen und es ist auch besser so. Die Anklage gegen sie wurde zurückgezogen, weil die Nachforschungen einwandfrei Notwehr bestätigten. Sie hat mich sogar noch besucht, ehe sie abreiste, und sie tat mir dann doch recht Leid, wenn man bedenkt, unter welchen Verhältnissen sie aufwachsen musste.«

»Desto mehr Bewunderung verdient sie, weil sie sich so gut gehalten hat. Schade, ich hätte sie gern noch einmal gesehen. Vielleicht hätten wir ihr sogar helfen können, ich meine mit etwas Geld, damit sie sich am Anfang leichter tut.«

»Es ist besser so, Sali, glaub mir. Sie kommt jetzt unter fremde Menschen und beginnt ein neues Leben, frei von der furchtbaren Demütigung, bei jeder Gelegenheit Armenhausgewächs genannt zu werden, wie es hier oft geschehen ist.«

Er erhob sich, dabei fiel sein Blick auf den Gemeindetresor, den er bis jetzt gar nicht beachtet hatte. »Steht denn der immer noch da?«

»Er hat ihn niemand abgeholt. Nur einmal war ein Revisor da, aber er fand alles in bester Ordnung. Ich meine, du sollst da wieder anfangen, wo du aufgehört hast.«

»Was machen die Eltern? Sind sie gesund?«

»Ja. Sie wissen, dass du heute heimkommen wirst, und sie freuen sich auf morgen.«

»Ich muss mich erst wieder reinfinden. Was habe ich denn morgen zu tun, Bäuerin?«

»Du wirst zum Pfarrer gehen und die Taufe bestellen, denn dein Sohn ist noch ein Heidenkind! Ich habe extra so lange gewartet, bis du dabei sein kannst.«

»Du bist mein großes und einziges Glück, meine Sali!«

Sie wollte noch etwas sagen, aber mit einem Kuss verschloss er ihr den Mund.

So hatte das Glück in den Halderhof zurückgefunden, das man bereits daraus entflohen glaubte. Das traurige Zwischenspiel hatte eigentlich nichts geändert. Thomas kam bald wieder zu Ehren und Ansehen bei seinen Mitbürgern. Der Gemeindetresor blieb, wo er war.

Und wenn aus dem herbstlichen Bergwald die Rufe kamen, dann nahm der Bauer sein Gewehr und fuhr hinein ins Hölltal zu seinem Trollwald.